Jürgen von Alten

Weltgeschichte der Ostsee

Jürgen von Alten

Weltgeschichte der Ostsee

Siedler

Bildnachweis
Archiv für Kunst und Geschichte: 18 (oben), 21 (oben), 31 (oben), 53 (oben), 61, 89 (unten), 91 (oben).
Bildarchiv Preußischer Kulturbesitz: 8 (beide), 18 (unten), 35, 53 (unten), 67, 89 (oben).
Jürgens Ost+Europa-Photo: 21 (unten), 91 (unten).

Der Siedler Verlag ist ein Unternehmen
der Verlagsgruppe Bertelsmann

Lektorat: Wolf J. Siedler jr.
Karten: Ditta Ahmadi u. Peter Trampusch, Berlin
Schutzumschlag: Bongé+Partner, Berlin
Umschlagkarte: Bildarchiv Preußischer Kulturbesitz
Satz: Bongé+Partner, Berlin
Druck und Buchbinder: GGP, Pößneck
ISBN 3-88680-584-0
Erste Auflage

Inhalt

Man ruft zu mir aus Seïr: Wächter, ist die Nacht bald hin?
Wächter, ist die Nacht bald hin? Der Wächter aber sprach:
Wenn auch der Morgen kommt, so wird es doch Nacht bleiben.
Wenn ihr fragen wollt, so kommt wieder und fragt.

Jes. 21, V.11/12

Der vergessene Raum

Das Ende des kalten Krieges hat seine Frontlinie verschwinden lassen, den Eisernen Vorhang, der »Kapitalismus« und »Sozialismus« voneinander trennte, genauer: das sozialistische Weltsystem als autarken und von der Weltzivilisation abgespaltenen Großraum gegen diese abschirmen sollte. Die quasineutrale Konvenienz, vom »Osten« und »Westen« zu sprechen, verführte dazu, diese Trennlinie als eine zwischen Ost- und Westeuropa anzusehen und ihr so eine gewisse Legitimation zu geben, durch die sich unter anderem der leidige Begriff »Mitteleuropa« erledigte.

Doch für den Eisernen Vorhang galt, was schon für die erstarrten Schützengrabenlinien des Ersten Weltkrieges gegolten hatte: Auch diese befanden sich dort, wo sie verliefen, nicht aus historischen, ethnischen oder ökonomischen und kaum je aus geographischen Gründen; sie durchschnitten gewachsene Länder und Ortschaften. Sie folgten keiner Logik als der des Krieges und entstanden dort, wo das Kriegsgeschehen sie hinsetzte, ein Vormarsch zum Stillstand kam. Auch sie verschwanden bei Kriegsende nicht folgenlos, sondern hinterließen zerstörte Landschaften, gefährliche Überreste und ruinierte Ökonomien, zu schweigen von den Gräbern.

Einer der historischen Räume, die durch den Eisernen Vorhang durchschnitten und durch den kalten Krieg verheert wurden, ist der Ostseeraum, der nun mühsam seine Balance wiederfinden muß. Doch werden die Probleme dieses Raumes bisher nur punktuell – als Zukunft des Königsberger Gebietes oder als Einzelprobleme der baltischen Staaten – wahrgenommen. Trotz aller hansischen Reminiszenzen, Ministerkonferenzen, Räte und Ostseetage wurde nämlich die gerade in den Türmen von Lübeck oder Danzig über Kopenhagen und Stockholm bis Reval und Dorpat trotz oder wegen seines bunten Gemischs slawischer, germanischer, baltischer und finnisch-ugrischer Sprachen doch sichtbare Einheit dieses Raumes nie recht begriffen.

Sie erscheint nicht einmal in den gebräuchlicheren Einteilungen Europas nach der Kompaßrose. Während wir mit Südost- oder Nordwesteuropa immerhin bestimmte Vorstellungen verbinden, kommt ein Nordosteuropa, das sich ja ungefähr mit dem Ostseeraum decken würde, in unserem Sprachschatz kaum vor, sondern wird zwischen Mittel- oder gar Ostmitteleuropa und Osteuropa sowie einem im wesentlichen auf die Skandinavische Halbinsel beschränkten Nordeuropa aufgeteilt. Während wir uns freuen, daß das Ende des kalten Krieges den Blick auf Europa wieder freigemacht hat, hat unser Blick diesen Raum offenbar nicht erfaßt.

Für diese eigentümliche Blindheit gibt es mehrere Gründe. Der wohl gewichtigste soll ausführlicher im folgenden Kapitel behandelt werden, weil er bereits zu den Besonderheiten des Raumes gehört. Denn es stellt sich die Frage, wie man die hier behauptete Raumeinheit postulieren kann, wenn sie offenbar nicht einmal den Ostseeanrainern selbst bewußt ist. Diese empfinden sich nicht als sonderlich zusammengehörig, sondern tendieren, selbst wenn sie in größeren, »übernationalen« Zusammenhängen denken, eher dazu, sich als Skandinavier, Balten oder Slawen gegen andere Anrainer abzugrenzen. Die gewiß »übernationale« Tradition der Hanse beschränkt sich auf Städte, bezieht sich nicht auf die Räume selbst und hat als Rückgriff in das mit der Jetztzeit kaum »vergleichbare« Mittelalter allenfalls folkloristische Bedeutung.

Zwei andere Gründe liegen auf der Hand. In einer nur nationalstaatlichen Betrachtungsweise stehen Vorgänge wie der kometenhafte Aufstieg und das baldige Verblassen der Großmacht Schweden, der Aufstieg Preußens oder die polni-

Das Königsberg des 18. Jahrhunderts wirkt stattlicher als das Stockholm vom Beginn des 17. und hatte europäische Geltung als Haupt- und Residenzstadt des Herzogtums Preußen in der Tat früher erreicht, obwohl beide neben den glanzvollen Hafenstädten des Mittelmeerraums ernsthaft nicht bestehen konnten. Beide Städte an der Peripherie Europas kommen im 18. Jahrhundert zu wissenschaftlichem Weltrang, wofür die Namen Immanuel Kant und Carl von Linné stehen.

schen Teilungen fast beziehungslos nebeneinander und bleiben, wie die tradierte Weisheit von dem »Kunstprodukt« Preußen zeigt, unerklärbar, weil sie nicht als Teile eines den gesamten Raum umfassenden Prozesses erkannt werden.

Wenn es dagegen zu einer gesamteuropäischen oder gar globalen Betrachtungsweise kommt, dann steht etwa die Entdeckung des »Seewegs nach Indien« im Vordergrund, die Verlagerung des Schwergewichts des europäischen Handels in den Atlantik, die den Ostseehandel zu einer mehr lokalen Angelegenheit herabsinken läßt. Auf dem Kontinent rückt die Auseinandersetzung zwischen dem Hause Habsburg und Frankreich um die »Hegemonie« in den Mittelpunkt des Interesses, später die anglo-französische Rivalität, zur Not noch das allmähliche Zurückdrängen der Osmanen vom Balkan. Und dann das Zeitalter des »Imperialismus« und der Weltbürgerkriege, amerikanisch-sowjetische Rivalität, Aufstreben und Niedergang der Dritten Welt, Zusammenwachsen Europas. Da scheint die Ostsee nur noch ein Nebenschauplatz der Geschichte zu sein, eine Art Brackwasser, das langsam in Vergessenheit gerät und wo beschauliche Ruhe herrscht, während – *The Captains and the Kings depart* – die großen Ereignisse und Entwicklungen anderswo stattfinden.

So ist es nicht. Auch in neuerer Zeit hat dieser Raum seine dramatische und tragische Geschichte, »tragisch« nicht im abgeflachten Sinne des bloß Bedauerlichen, sondern im tieferen der unausgleichbaren und zu Untergängen führenden Verstrickungen. Dieser durch die Ostsee definierte Raum mit seiner zu relativ klaren Ergebnissen führenden Geschichte und seiner überschaubaren Zahl von Akteuren stellt ein *intelligible field of study* im Sinne Toynbees dar, ein in sich verständliches System, das natürlich ein Subsystem des europäischen Systems bleibt, wesentliche Impulse empfängt und ausstrahlt – sonst ginge es nur um gehobene Heimatkunde.

Aber handelt es sich um *Weltgeschichte*? Gewiß nicht im Sinne einer traditionellen Geschichtsbetrachtung, die die

»Weltgeschichte« im Mittelmeerraum und, nach einem kurzen Blick auf Ägypten und Vorderasien, mit Griechen und Römern beginnen läßt. Denn selbst in diesem erheblich zu relativierenden Sinne (in chinesischen Augen etwa wären das nur unerhebliche Stammesfehden von Barbaren) war der Ostseeraum nie Zentrum, sondern lediglich Peripherie einer »bewohnten Welt«.

An dieser entlegenen Peripherie jedoch gab es Anstöße und Entscheidungen, ohne die die Moderne und die »Weltzivilisation«, wie wir sie kennen, nicht denkbar wären. Noch heute ist dieser Raum eine europäische Krisenzone ersten Ranges, deren Konflikte nicht wie die berüchtigten »Balkanwirren« meist lokal bleiben und nur gelegentlich überschwappen. Das soll hier gezeigt werden. Denn nur auf eigenes Risiko ist es zu ignorieren.

Unser Ausgangspunkt wird im 17. und 18. Jahrhundert liegen. Denn dann erreicht die Geschichte des Raumes bereits einen Kulminationspunkt; die Epoche bietet sich aber auch an, weil sie am Beginn des modernen Staatensystems steht mit schon relativ festgefügten Gebilden, die, in welcher Form auch immer, heute noch vorhanden und identifizierbar sind.

Es handelt sich nicht einfach um Geschichte, um Vergangenes. Wenn lange verschollen geglaubte Paradigmen wiederkehren, ist das kein neokonservativer Atavismus, sondern eine Rückkehr zur Normalität nach Überwindung des so lange fälschlich für »normal« gehaltenen Ausnahmezustands der Weltbürgerkriege, die das »kurze« 20. Jahrhundert bestimmten. Wir sind nicht aus der Staatenwelt ausgetreten, die durch die Blöcke allenfalls überlagert wurde und nun wieder deutlicher sichtbar ist. Zweifellos ist angesichts des scheinbaren Primats der Innenpolitik in Massendemokratien Außenpolitik nur unter erschwerten Bedingungen zu betreiben.[1] Denn Demokratien vermögen außer bei unmittelbarer und unübersehbarer Bedrohung nicht strategisch zu denken, wie Stephen Mackinder schon 1919 feststellte. Doch die Probleme von *challenge and response* bleiben, und leicht zu lösen waren sie nie. Um so wichtiger ist es, sie bewußt zu machen.

Am besten geschieht das am Beispiel von Zeiten, in denen die Entscheidungsstrukturen simpler waren und das Primat der Außenpolitik unbestritten galt. Viel wird daher von »Krieg und Kriegsgeschrei« geredet werden müssen, was noch vor wenigen Jahren als unmodern galt. Natürlich läßt sich Außenpolitik nicht auf »Krieg« oder »Nichtkrieg« reduzieren, und ihr Instrumentarium hängt von den gesellschaftlichen Verhältnissen und Möglichkeiten ab. Im Jahre 1995 wird jedoch niemand mehr guten Gewissens behaupten, Krieg sei »kein Mittel der Politik mehr«. Sicher ist das bedauerlich; aber wenn es eine Lehre aus Geschichte und Gegenwart gibt, dann die, daß Entsetzen und Friedenssehnsucht nicht genügen und Frieden nur konkret zu haben ist, weil es stets um die Fragen geht: *Wessen* Frieden und *was für ein* Frieden?

Das ausgehende zwanzigste, dieses kurze und böse Jahrhundert kann nicht mehr, wie vorangegangene Jahrhunderte es nicht ganz ohne Berechtigung taten, an der Vorstellung festhalten, es habe den einstweiligen Höhepunkt der Zivilisation erreicht. Quasi als Ersatz hält es sich nicht nur wegen seiner Schandtaten (was begreiflich wäre), sondern wegen seiner einschneidenden (oft allerdings überschätzten) gesellschaftlichen, politischen, informationellen und ökonomischen Veränderungen für »einmalig«, für mit der Vergangenheit nicht »vergleichbar«. Vielleicht ist das einer seiner größten Irrtümer. Unsere Vorfahren wohnten nämlich nicht, entgegen einem verbreiteten Eindruck, auf einem entfernten und längst »abgewickelten« Planeten. Eher sind wir die Primitiven, die einfachste Zusammenhänge nicht begreifen. Man muß nicht zyklisch denken, nicht in Begriffen »ewiger Wiederkehr«, um zu wissen, daß die Grundprobleme, wie ihre modische Einkleidung und Verkleidung auch aussehen mag, sich ständig stellen und die Zahl möglicher Lösungen, möglicher Konstellationen und Konfigurationen begrenzt ist. Langsam müßte doch auffallen, wie immer wieder die gleichen *topoi* verwandt und nur die positiven oder negativen Vorzeichen umgekehrt werden. Mit ihnen muß sich jede politische Führung auseinandersetzen, ganz gleich, ob es sich um eine ständisch-aristokratische, großbürgerlich-liberale oder basisdemokratische Elite handelt und ob sie sich lieber mit ganz anderen Dingen beschäftigen würde. Unwissenheit schützt nicht vor Strafe, sie straft sich selbst.

Einigermaßen grotesk wird es umgekehrt, wenn vergangene Jahrhunderte abgekanzelt werden, obwohl sie letztlich ihre Probleme besser lösten, als wir es vermochten, und gar noch dafür verantwortlich gemacht werden, daß das 20. Jahrhundert mit seinem Erbe nicht vernünftig umzugehen verstand.

Gerade das gleichfalls blutige und wüste 17. Jahrhundert, ein Zeitalter ideologischer, nämlich das der Religionskriege ist uns als Zeitgenossen der jüngsten Weltbürgerkriege näher, als uns lieb sein mag. Zur Ehre jenes Jahrhunderts sei gesagt, daß ihm Nationalismus noch fremd war. So und so läßt sich also der eine oder andere Fingerzeig erhoffen. Ein so begrenzter Raum mag auch als Schulbeispiel, als Laborversuch dienen, wie Staaten miteinander umgehen und auskommen. Als »Fürstenspiegel«, wenn man will.

Aber entscheidend ist, daß Deutschland, oder doch ein wesentlicher Teil von ihm, integraler Bestandteil dieses Raumes ist, daß er uns unbedingt angeht, daß wir uns mit keinen Ausflüchten den Folgen unseres Handelns oder auch unseres Nichthandelns entziehen können: *Hic Rhodus, hic salta.*

Seeherrschaft ist nicht das Thema

Soweit der Ostseeraum überhaupt als Ganzes betrachtet wurde, geschah es durchweg unter dem Gesichtspunkt der Seeherrschaft über die Ostsee, des *dominium maris Baltici.* Der Begriff soll von einem polnischen König und aus dem Jahr 1563 stammen; jedenfalls ist er nicht erst durch Historiker in die Geschichte hineingetragen worden. Vermutlich handelt es sich um einen Transfer, um eine Analogie zum Mittelmeer und vor allem zum Atlantik, wo Spanier, Holländer, Briten und Franzosen um die Seeherrschaft rangen. Es lag nahe, hier den Schlüssel zu allen Problemen zu sehen, sozusagen eine Wiederholung auf kleinerem Raum; aber es handelt sich um eine Idee, auf die, mit Verlaub, nur »Landlubber« kommen konnten.

Die Analogie trifft nämlich nicht. Die Ostsee ist kein Ozean, sondern fast ein Binnenmeer, mit vielen Ausbuchtungen, Inseln und Sunden, mehr Küstengewässern als hoher See, relativ kleinräumig. Deshalb und weil sie trotz mancher Tücken ein recht sanftes Meer ist – kein Vergleich mit atlantischen Stürmen oder der »Mordsee« Nordsee –, ist ihr »verbindendes« Element viel deutlicher als ein die Anrainer trennendes: Seetransport war billiger, bequemer und schneller als die mühseligen Landmärsche; die Wasserwege der Ostsee werden allenfalls durch Vereisung stillgelegt. Deswegen geht es an der Ostsee nicht um Seeherrschaft, sondern um Herrschaft über die Küsten.

Wo es Küsten gibt, gibt es in aller Regel Schiffahrt, Fischerei, von der Seefahrt lebende und von ihr geprägte Hafenstädte, einen Anteil an »seemännischer Bevölkerung« und seemännischem Können. Das genügt noch nicht, um wirklich von einer »Seefahrernation« zu sprechen, denn dazu würde gehören, daß Wohl und Wehe der Nation, die Selbständigkeit ihrer Existenz wesentlich von ihrer Schiffahrt abhängt, ihren Möglichkeiten, die hohe See zu befahren. Portugal, die Niederlande und England sind historische Archetypen von »Seefahrernationen«, vielleicht auch Griechenland. Sogar in Skandinavien trifft das im Grunde nur auf das von der Ostsee abgewandte, einseitig auf den Atlantik orientierte Norwegen zu, in schwächerem Maße auf Dänemark, das ja auch eine »atlantische« Seite hat. Es hat also offenbar mit der Weite der zu überwindenden Räume zu tun. Dasselbe gilt für Begriffe wie »Seemacht« und »Seeherrschaft«.

Schon die größere Weite des Mittelmeeres bietet genügend Seeraum, um seit Jahrtausenden Handels- und Seemächte wie Athen, Karthago, Byzanz oder Venedig entstehen zu lassen und immer wieder zu entscheidenden Seekämpfen zu führen, von Salamis über Lepanto bis zum Kampf um die Inselfestung Malta im zweiten Weltkrieg. Nicht umsonst legte das britische Empire so großen Wert auf eine starke Flottenpräsenz im Mittelmeer; sogar die am wenigsten navalistische aller Großmächte, die habsburgische Monarchie, verfügte über eine ansehnliche Marine mit rühmlicher Tradition. Noch im kalten Krieg war die dort stationierte 6. amerikanische Flotte ein weltweit wichtiger strategischer Faktor. Entscheidungsraum des Mittelmeeres ist das Meer selbst.

Vergleichbares findet sich an der Ostsee nur zur Wikinger- und zur Hansezeit, als die Raumüberwindung noch ein Problem darstellte – Lübeck als »Königin der Ostsee«, wohl auch Dänemark, das seine navalistische Tradition lange bewahrte. Für die von uns betrachtete Epoche, die beginnende Neuzeit, gilt es nicht mehr. Kein Ostseeanrainer hat sich in diesem Sinne zur Seemacht entwickelt. An der Ostsee fallen die Entscheidungen zu Lande.

Das bedeutet nicht, daß Marine oder Seemannschaft in der Ostsee keine Rolle zukommt. Aber seestrategisch geht es nicht um die Seeherrschaft auf hoher See, sondern um die *Gegenküste*, die Blockade oder den Entsatz von Häfen, um amphibische Operationen, Begleitung, Unterstützung und Versorgung des Landkrieges in modern anmutendem Zusammenwirken von Land- und Seestreitkräften. Recht präzise sprach noch zur Zeit der Weimarer Republik der damalige Reichswehrminister General Groener von der Reichsmarine als dem »Seeflügel der Landesverteidigung«. Dafür erhielt er sogar ein Lob von »Köhlers Flottenkalender«, dem Liebling aller deutschen Navalisten – wie hoch würde ein britischer oder amerikanischer Admiral wohl die Augenbrauen ziehen, wenn man ihn so nonchalant als bloßen Annex des Landheeres beschriebe! Keine Marine der Welt ließe sich gerne in erster Linie als Transportunternehmen ansehen – doch für die Ostsee trifft genau das zu.

Immerhin konnten die maritimen Anstrengungen recht beträchtlich sein. Sie wurden beflügelt durch die – falsche – Analogie zum Atlantik, vor allem durch die »Erfolgsstory« des Jahrhunderts, den raschen Aufstieg der Niederlande, die bewundertes Vorbild wurden.[2] Dänemark, mit seinen vielen Inseln weiterhin auf ein gewisses Maß an Seemacht angewiesen, hielt eine so starke Flotte, daß England sich noch in napoleonischer Zeit durch sie hinreichend bedroht fühlte, um sie im Handstreich auf Kopenhagen 1807 »auszuschalten«. Auch Schweden, gleichfalls auf Seeverbindungen und Seetransport angewiesen, empfand in seiner Großmachtzeit den Bau einer Flotte mit besonders großen und starken Schiffen wie der »Wasa« als Notwendigkeit. Als jedoch im Krieg von 1675-77 die schwedische von der dänisch-niederländischen Flotte unter der überlegenen Führung von Tromp und Niels Juel vernichtend geschlagen wurde, wirkte sich das nur begrenzt auf das Kriegsergebnis aus, in dem vielmehr Dänemark das zuvor noch beherrschte Südschweden verlor. Umgekehrt nützte es ein Jahrhundert später Schweden nicht viel, daß sich seine »Schärenflotte« gegen Rußland mit Erfolg schlug. Wie gesagt, an der Ostsee fallen die Entscheidungen zu Lande.

Preußen dagegen verzichtete bis zur Mitte des 19. Jahrhunderts auf eine Marine und wird, obwohl unzweifelhaft an der Ostsee gelegen, deshalb in seiner Eigenschaft als große Macht des Ostseeraumes nicht einmal wahrgenommen. Friedrich der Große hat sich dazu geäußert: Seemacht sei etwas Schönes, aber Preußen könne sie sich einstweilen nicht leisten, weil die Armee wichtiger sei (nämlich angesichts seiner kontinentalen Gegner), und müsse in Kauf nehmen, an seinen Küsten belästigt zu werden.

Das hatte hundert Jahre später, im deutsch-dänischen Kriege von 1864, ein Nachspiel: Die knapp existente preußische Marine war gegenüber der dänischen Flotte ohnmächtig, und die Landoperationen wurden von dänischen Panzerschiffen beunruhigt; Theodor Fontane hat mehrfach, so im »Stechlin«, von dem Eindruck berichtet, den das Dänenschiff »Rolf Krake« machte. Geändert hat das nichts. Damit sich solcher mit eigenem Stolz schwer verträgliche Ärger nicht wiederholte, stellte noch zwanzig Jahre später die nunmehr kaiserliche Marine das Postulat auf, sie müsse Seemächten wie Schweden gewachsen sein; weiter als bis zu einer »Küstenmarine« ging ihr Ehrgeiz noch nicht.[3]

Zugegeben: Friedrichs Ahnherr, der Große Kurfürst, dachte bereits navalistisch. Aber im Grunde hatte er andere Prioritäten. Im Schloß Charlottenburg hängt zwar ein großer Gobelin, der den Übergang brandenburgischer Truppen nach Rügen mit wehenden Schiffsflaggen, verzierten Hecks und viel Pulverdampf zeigt in bester Manier holländischer Marinemalerei jener Zeit. Das waren aber amphibische ad-hoc-Operationen, die eigentlich zum Landkrieg gehörten, sich nur navalistisch gebärdeten. Sein maritimer Ehrgeiz richtete sich vielmehr darauf, von Emden aus Expeditionen nach Afrika zu senden und Kaperkrieg zu führen. Die ihm dabei vorschwebenden Profite wollte er nicht den eigentlichen Seemächten allein überlassen, sondern – mit allerdings nur mäßigem Erfolg – zeigen, daß er es ihnen gleichtun könne. Hier wirkte sich wieder der Erfolg der Niederlande als Vorbild des Jahrhunderts aus, auch eine Art »oranischer Erbschaft«. Mit der Ostsee und vitalen Bedürfnissen Brandenburgs oder Preußens hatte es nichts zu tun, und folgerichtig schadete diesem das sang- und klanglose Einstellen dieser Aktionen wenig.

Als Beute war natürlich Gold und Silber aus Peru interessanter als Korn, Holz oder Wachs aus der Weichselmündung. Aber überhaupt spielte in der Ostsee die für den Seekrieg charakteristische Form des Handels- und Kaperkrieges keine so bedeutsame Rolle wie im Atlantik oder im Mittelmeer. Schon als im 15. Jahrhundert die »Vitalienbrüder« Klaus Störtebekers Seeraub betrieben, wurden sie entschlossen bekämpft; die Hansestädte halten sich das noch heute zugute. Da zur Landkriegsführung des 17. Jahrhunderts das Plündern gehörte, geschah es auch zur See oder von der See aus. Doch in der Regel waren alle Ostseeanrainer sich einig in ihrem Interesse, die Wasserstraßen für den Handel auch im Kriegsfall offenzuhalten; noch im Siebenjährigen Krieg wurde das ausdrücklich formalisiert. Der Handel schützte sich gewissermaßen durch sich selber.

Auch das ist ein Zeichen dafür, daß in der Ostsee von Seeherrschaft keine Rede sein kann; setzt man an ihre Stelle den freilich problematischen Begriff der Hegemonie, so ergibt sich mit Ludwig Dehio, daß nicht *um*, sondern *gegen* sie gerungen wird. Demgemäß wurden mit größtem Mißtrauen alle Versuche betrachtet, die Ostsee zu einem *mare clausum* zu machen, zu einem nur den Anrainern zugänglichen Binnenmeer, und bis in die jüngste Zeit – die sowjetische Idee der Ostsee als »Friedensmeer« – nie mit letzter Konsequenz verfolgt. Dazu hätte unter anderem eine Kontrolle der Ostseeausgänge gehört, die aber trotz erheblicher Irritationen durch den lange von Dänemark erhobenen »Sundzoll« nie

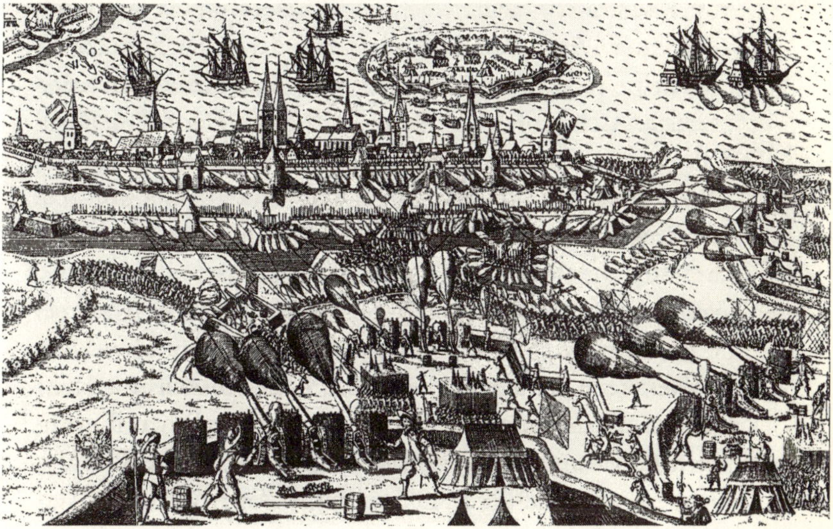

Daß Wallenstein die Belagerung von Stralsund aufgab, das zu erobern er geschworen hatte, wurde Symbol evangelischen Widerstandes und gab neue Hoffnung denen, die ihre Sache schon fast verloren glaubten. Schweden sah die pommersche Küste als für seine Ostseestellung entscheidend an; hiergegen konnte Brandenburg begründete Erbansprüche lange nur partiell durchsetzen. Stralsund wurde noch öfters belagert (so auf dem Gobelin aus dem Berliner Schloß durch den Großen Kurfürsten), nunmehr ohne Symbolkraft, blieb aber mit Vorpommern bis 1815 schwedisch.

ernsthaft den Dänen streitig gemacht wurde. Niemand kam auf die Idee, dort ein »Gibraltar« zu errichten.

In der ersten Hälfte des Dreißigjährigen Krieges gab es allerdings einen Versuch, ein *dominium maris Baltici* herzustellen und die durch den Siegeszug Wallensteins eröffnete Möglichkeit zu nutzen, »Kaiser und Reich«, also das in Österreich wie Spanien herrschende Haus Habsburg an der Ostsee fest zu etablieren. Vor allem in Madrid war über diesen kühnen und großangelegten Plan zur Rettung der angeschlagenen spanischen Seeherrschaft nachgedacht worden, der weit über die Ostsee hinaus reichte, der die Schätze der Neuen Welt in die Hansestädte gebracht, die junge Macht der Niederlande gebrochen und die britische im Keim erstickt, eine völlig andere Weltkonstellation eröffnet hätte. »Ostseeherrschaft« war nur ein Ansatz, um die atlantische Dimension wiederzugewinnen, *dominium maris Baltici* also nicht das Endziel und beinahe eine *falsa demonstratio.* Wallenstein wurde zum »General« des »Baltischen«, vor allem aber des »Ozeanischen« Meeres eingesetzt.

Diesem *Traum vom Reich* kann man lange nachsinnen. Er war keine plötzliche Eingebung, kein Ausnutzen einer unerwarteten Gelegenheit, sondern ein nochmaliger Versuch, das alte stolze A.E.I.O.U. durchzusetzen.[4] Doch unmittelbar galt: Dieser Plan war nur mit Hilfe der Hansestädte an Ost- und Nordsee zu verwirklichen, die von ihm ungeheuer profitiert und mit einem Schlag ihre frühere Bedeutung zurückgewonnen hätten; aber bei dem Gedanken erzkatholisch-spanischer Präsenz im Norden konnte sie wie alle Protestanten nur kaltes Entsetzen packen; noch hundert Jahre später lehnte Hamburg habsburgischen Schutz seiner Schiffe ab, weil es sie nicht unter kaiserlicher Flagge segeln lassen wollte, und verzichtete lieber auf die Mittelmeerfahrt. Anders gesagt: *Dominium maris Baltici* war gerade den Anrainern unerwünscht.

Der Plan stand und fiel mit der Garantie religiöser Toleranz und religiöser Besitzstände. Statt dessen zog Kaiser Fer-

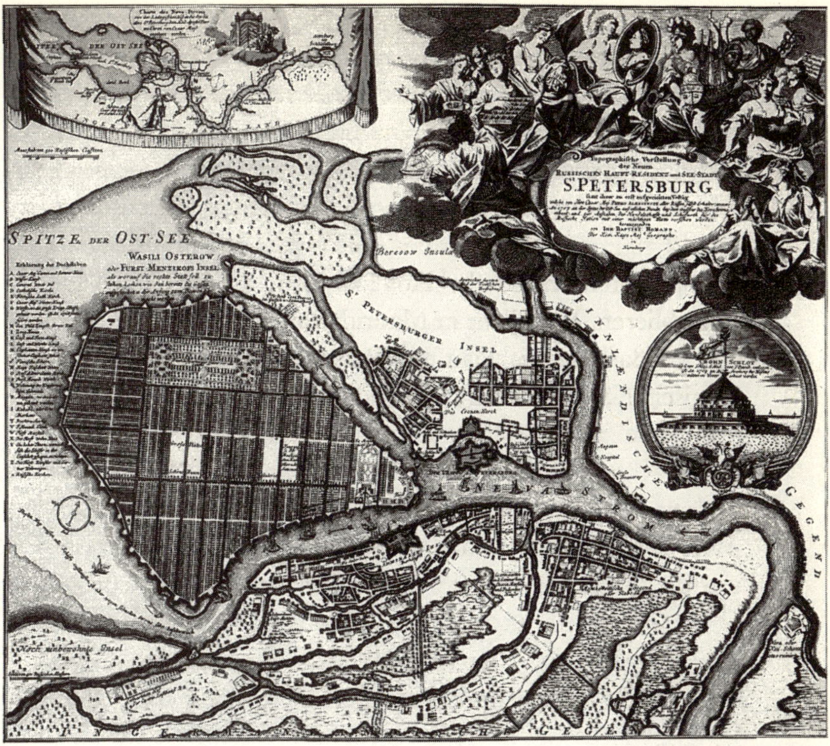

Trotz denkbar ungünstiger Voraussetzungen stampfte kaiserlicher Wille St. Petersburg als glanzvollste Metropole an der Ostsee aus dem sumpfigen Boden. Doch obwohl es die »Spitze der Ostsee« (Plan aus den Anfangsjahren von 1712) berührt und der imperiale Anspruch Seegeltung einschloß (Worobjow, »Ansicht des Palastkais in Sankt Petersburg«, 19. Jahrhundert), wurde die Stadt nicht zur neuen »Königin der Ostsee«; die Festung Kronstadt diente ihrem Schutz, nicht der Seeherrschaft. Hingegen wurde Petersburg zum Einfallstor westlicher Einflüsse und bedeutenden geistigen Zentrum der Moderne, damit aber zu einer Antithese zu Moskau – ein bis heute ungelöster Konflikt.

dinand II. es vor, seine Macht in das kleinlich-bösartige Restitutionsedikt umzumünzen, mit dem er den Krieg unwiderruflich zum Religionskrieg machte, aber auch die katholischen Reichsstände und sogar den Papst gegen sich aufbrachte. Wallenstein, der einzige wohl, der den »großen Plan« hätte umsetzen können (doch schon seine Inbesitznahme von Mecklenburg, ein klarer Rechtsbruch, war ein schlechter Anfang), mußte gehen, Schweden machte mit der im Aufbau befindlichen habsburgisch-polnischen Flotte kurzen Prozeß, der Plan kam über erste Ansätze nicht hinaus und blieb insoweit folgenlos; von Folgen im Ostseeraum selbst wird noch zu reden sein.

Immerhin blieb er nicht der einzige Fall des »Drangs zum Meer« einer Kontinentalmacht über die Ostsee als Vehikel, um die eigentlichen Weltmeere zu erreichen. Als Peter der Große mit Petersburg eine russische »Tür zum Westen« öffnete, stand auch ihm das niederländische Beispiel vor Augen. Bis in unsere Tage unternahm Rußland fast immer erhebliche navalistische Anstrengungen, und sicherlich in der Spätphase der Sowjetunion mehr, als es sich eigentlich leisten konnte, aber es hatte wenig Glück damit und wenig bewirkt. Es blieb bei der Flotte als Machtattribut, beim Anspruch und beim Gestus.

Dafür gibt es ein einprägsames Bild. Schloß und Park Peterhof bei Petersburg sind eine großartige Anlage, die Versailles in den Schatten stellt; eine Prachtavenue führt mit imperialem, seebeherrschendem Anspruch zum Meer. An ihrem Ende steht folgerichtig die Statue eines Neptun, dessen Dreizack im Dienste des Zaren aller Reußen gebieterisch über die See deutet. Doch die diesige Ferne, über die der Betrachter schaut, ist nicht der Ozean, sondern nur der Finnische Meerbusen. Und er weiß: Nach ein paar Dutzend Seemeilen, hinter den Befestigungen von Kronstadt, ist die imperiale Herrlichkeit zu Ende. Und aus dem Neptun wird ein nacktes Bäuerlein mit einem kleinen Spitzbauch und aus dem Dreizack eine Mistgabel.

Im Krimkrieg konnten britische Geschwader ungeniert die Ostsee benutzen. Auch in beiden Weltkriegen hat die russische Flotte sich bemerkenswert defensiv verhalten; keine Spur von »Kampf um die Ostsee«. Dafür gibt es zwei Gründe. Auch als Ostseemacht war Rußland vor allem eine Landmacht. Und zweitens: Man kann zur Not die Ostseeausgänge forcieren. Aber wer – durch den Sund, den Kieler Kanal oder, wenn er sie fertiggestellt hätte, die von Wallenstein beabsichtigte Wasserstraße über die mecklenburgischen Seen – glücklich das Kattegat erreicht, ist noch lange nicht auf den Weltmeeren. Das mußte die deutsche Flotte in zwei Weltkriegen schmerzlich erfahren. Vielleicht wäre es Wallenstein ebenso ergangen.

Wenn es also durchweg nicht um »Herrschaft über die Ostsee« geht, kommen wir freilich zu einem Paradox: *An* der Ostsee geht es kaum je *um* die Ostsee. Der Raum definiert sich nicht durch sein Meer, wie zu erwarten gewesen wäre, sondern durch seine Küsten. Damit fehlt seinen Anrainern der gemeinsame, alles beherrschende Bezugspunkt. Ihre Blicke richten sich nicht auf die See, sondern allenfalls auf »ethnische« – baltische oder skandinavische – Gemeinsamkeiten und vor allem auf den Nachbarn, und sei er am anderen Ufer. So wird den Ostseestaaten ihre Gemeinsamkeit, die die kleineren Unterteilungen überwölbt, kaum bewußt. Trotzdem ist sie vorhanden. Gerade das Selbstverständliche wird gern ignoriert.

Gemengelage an der Ostsee

Wenn aber nicht um Seeherrschaft, um was geht es dann? Betrachten wir den Ostseeraum des 17. Jahrhunderts aus der Vogelperspektive. Dann drängt sich die Arbeitshypothese auf, daß in diesem Raum westlich von Rußland (das nicht oder noch nicht zum europäischen Staatensystem gehört) anscheinend Platz für einen, aber auch nur einen Großstaat ist. So problematische Begriffe wie »Hegemonie« oder »Dominanz« können dabei außer Betracht bleiben. Denn keiner dieser Großstaaten setzt sich im Ostseeraum je ganz durch und will das auch nicht, sondern hat dort zwar seine Basis, gewinnt aber seine europäische Bedeutung, indem seine Aktivitäten in ganz andere Räume ausstrahlen. Eher ist also von einem Schwerpunkt, einem *center of gravity* zu sprechen. Da gibt es offenbar jeweils einen *incumbent* oder Titelverteidiger, nämlich zunächst Polen, und einige Kandidaten oder Aspiranten, Dänemark und Schweden, aber auch Brandenburg und Sachsen, die zunächst nur unter »ferner liefen« sichtbar werden.

Sobald und soweit diese Staaten wirklich eine Rolle spielen, haben sie eines gemeinsam: Sie sind keine »Nationalstaaten«, sie sind »Reiche«.

Sie sind »Reiche« zunächst in dem Sinne, daß sie neben dem eigentlichen »Reich«, dem Heiligen Römischen Reich Deutscher Nation stehen, souveräne europäische Mächte sind und nicht nur mehr oder weniger einflußreiche Reichsstände. Offensichtlich ist das im Falle Polens, Schwedens und Dänemarks, die nie zum »Reich« gehört und sich nicht einmal theoretisch mit diesbezüglichen Ansprüchen auseinanderzusetzen hatten. Soweit ihre Herrscher unter anderem auch »Reichsfürsten« waren, gab ihnen das zusätzliche Möglichkeiten, in das »Reich« hineinzuwirken, erweiterte also eher ihre »europäischen« Funktionen, als daß es sie behinderte.

Umgekehrt gewinnt Brandenburg erst durch das außerhalb des »Reiches« gelegene Herzogtum Preußen (auch wenn dieses zunächst polnischer Vasall blieb) eine europäische Dimension als Ostseemacht. Ebenso wird diese dem binnenländischen Sachsen, zunächst nur ein wichtiger »Reichsstand«, vorübergehend durch die Gewinnung der polnischen Krone zuteil. Dagegen haben die an der Ostsee residierenden pommerschen und mecklenburgischen Herzöge eine solche Dimension nie erreicht, auch nie erstrebt; sie wollten, wie der Schwedenkönig Gustav Adolf es etwas verächtlich ausdrückte, nur »in Ruhe ihr Bierchen trinken«, was aber in unruhigen Zeiten leider nicht geht, selbst wenn man es als »Friedensliebe« ideologisch überhöht.

Vor allem aber handelt es sich um »Reiche« als Gegensatz zu bloßen Nationalstaaten, um übernationale Gebilde, bei denen die »Nationalität« nur gelegentlich eine Rolle spielt. Das wird verdeckt dadurch, daß unbestreitbar die Schweden aus Schweden, die Polen aus Polen und die Dänen aus Dänemark kommen. Aber natürlich kann ein »Reich« eine »Staatsnation« haben, es muß irgendwo seinen Ausgang nehmen, einen Kern haben, der ja aus Menschen besteht. Doch ob die »Staatsnation« im eigenen »Reich« eine Mehrheit oder Minderheit darstellt, muß man jeweils nachrechnen, es ist nicht von vornherein klar und nicht sehr erheblich. Wir finden ja auch Streubesitz, im »Reich« sowieso üblich; man darf sich allerdings durch den Blick auf die verteilt liegenden Ländereien nicht täuschen lassen, weil das Konzept der Gegenküste seine Logik hat und Wasserstraßen nicht trennen, sondern verbinden.

Die Ostsee ähnelt insofern dem östlichen Mittelmeer, wo Gleiches gilt und über alle ethnischen, historischen, religiösen Grenzen und Schranken hinweg die spezifische Einheitlichkeit der Levante deutlich wird. Auch dort kann außerhalb der Ballungsräume der größeren Nationalitäten nationale Homogenität nur mit »ethnischen Säuberungen« erreicht werden, und die hat es in beiden Regionen ja gegeben, an der Ostsee aber nicht in der von uns betrachteten Epoche. In diesem Zusammenhang sollte nicht irritieren, daß die »Reiche« an der Ostsee im quantitativen Vergleich mit den großgewachsenen Nationalstaaten des Kontinents schlechter abschneiden. Ein »Reich« ist nicht einfach ein Großstaat. »Groß« und »klein« sind zudem relative Begriffe; und hier haben wir es mit dem ziemlich kleinräumigen und bevölkerungsschwachen Ostseeraum zu tun – um so beachtlicher, daß diese »Reiche« europäische Bedeutung haben.

Bleiben wir noch einen Augenblick beim Begriff des »Reiches«. Natürlich handelt es sich dabei um »Macht« und »Herrschaft« – »herrschaftsfrei« ist nur die Anarchie. Der sich bei einem »Reich« sofort erhebende Aufschrei »Imperialismus!« hat offenbar als Leitbild den Despoten, der gierig und wahllos Länder zusammenscharrt. So jedoch entstehen nur Pseudo-Reiche, die zerfallen, sobald der unmittelbare Zwang sich lockert; das »Dritte Reich« ist ein Beispiel. »Macht« und »Herrschaft« sind wertneutrale, im Grunde leere Begriffe, die aufgefüllt werden müssen: *wessen* Macht, *was für* Macht, Macht *zu was* und *als was*? Und dann erweist sich ein »Reich« in erster Linie als eine Art Versicherungsverein auf Gegenseitigkeit.

Ex definitione ist ein solches »Reich« ein etwas loserer Verband als eine »national« festgefügte Ordnung. Ein »Reich«, wie Carl Schmitt diesen Begriff definiert, sieht altmodischer und verschnörkelter aus als ein moderner Zentral- oder auch Bundesstaat; es wird durch Verklammerungen in fast beliebigen Abstufungen zusammengehalten, von der Personal- und Realunion (also der Verbindung nur durch die Person des Herrschers oder auch durch zusätzliche gemeinsame Institutionen) über die verschiedenen Formen der Vasallität als Lehnsabhängigkeit oder Protektorat bis zur völlig abhängigen Kolonie mit oder ohne Selbstverwaltung einerseits, »informeller« Herrschaft andererseits.

Wegen gegenseitiger Rechte und Pflichten kann man auch aus ihm nicht beliebig austreten. Doch ist ein Reich nicht nur wie jeder Nationalstaat durch anderen »Nationalismus«, durch separatistische Bestrebungen verwundbar; es kann sein, daß der »Vereinszweck«, die *ratio imperii*, wegfällt, sich verändert oder nicht mehr erfüllen läßt. Die Auflösung des britischen Empire begann lange vor der sogenannten Entkolonialisierung, die nur übriggebliebene, überflüssig und zur Bürde gewordene Reste eines Zwischen-Empire betraf; in der Hauptsache hatten sich für Großbritannien ebenso wie für seine früheren großen Siedlerkolonien, Kanada oder Australien, so unterschiedliche strategische Bedürfnisse und Zwänge entwickelt, daß sie bei aller Freundschaft und allem Britentum unter dem gemeinsamen Dach eines »Reiches« nicht mehr zu befriedigen waren und andere Konstellationen und Bündnisse erforderten.

Zum Reichsbegriff gehört, daß Reichsfunktionen übertragbar sind, auf andere übergehen können; das ist die in nationalstaatlichen Kategorien nicht erfaßbare *translatio imperii*, die als Wechsel von »Dominanz« oder »Hegemonie« nur unvollkommen, wenn nicht falsch aufgefaßt wird. Unter anderem zeigt sich, daß die im Notfall erfolgende Preisgabe einzelner Reichsteile geringere Schmerzen verursacht als Eingriff in »nationale« Substanzen, den Reichscharakter nicht unbedingt in Frage stellt und auch als Anpassungsprozeß verstanden werden kann.

Eindeutig war Polen, unzweifelhaft eine europäische Großmacht, ein Vielvölkerstaat mit Litauern, Ukrainern, Juden, Deutschen, Rot- und Weißrussen, Kosaken, Tataren. Für die Zeit der jagiellonischen Dynastie, bis weit in das 16. Jahrhundert hinein ist das überhaupt nicht zu verkennen; das polnisch-litauische Großreich ähnelte am ehesten der späteren österreichisch-ungarischen »Doppelmonarchie«. Es wurde dann allerdings in dem Maße verdeckt, in dem Polen zur »Adelsrepublik« wurde und der polnische Adel sich als die eigentliche »Nation« verstand, während der litauische Adel (dem unter anderem der spätere polnische Nationalheld Marschall Pilsudski entstammte) sich polonisierte.

Ähnlich war bekanntlich Dänemark, das schon früh nach dem Baltikum griff und seinen Danebrog nach der Legende bei Reval vom Himmel geschenkt bekam, mit Schleswig-Holstein verbunden, aus dem es seine Herrscher bezog; neben unwirtlicheren Gefilden wie Island, Grönland oder den Faröern besaß es große Teile des südlichen Schweden und vor allem ganz Norwegen als eine Art Nebenland. Die Norweger, die nur in Ruhe gelassen werden wollten, scheinen damit ganz zufrieden gewesen zu sein; als der Wiener Kongreß Norwegen der schwedischen Krone zusprach, versuchten sie noch, den dänischen Statthalter zu ihrem König zu machen. Und als Norwegen zu Beginn dieses Jahrhunderts wirklich unabhängig wurde, holte es wieder seinen König aus Dänemark. Schweden seinerseits, bekanntlich auch mit deutschen Gebieten verbunden und mit starker deutscher Komponente in Stockholm, verlor erst 1809 Finnland an den Zaren.

Noch der sich im 19. Jahrhundert entwickelnde »Skandinavismus« war zunächst nicht als Rückzug in nordische Beschaulichkeit und Eigenbrötelei konzipiert, sondern knüpfte an die großskandinavische »Reichsidee« der »drei Kronen« an und verlor nicht den Blick auf Finnland (das unter russischer Oberhoheit nicht »russifiziert« wurde, aber durch »Finnisierung« seine skandinavischen Bezüge lockerte). Die Kopenhagener »Eiderdänen« versprachen sich davon – vergeblich, weil Schweden sich entzog – noch Hilfe in der schleswig-holsteinischen Frage, die allerdings als Auseinandersetzung zwischen deutschem und dänischem Nationalismus als »Reichsfrage« denaturiert worden war.

Und dann sind da die »baltischen Provinzen«, deren zentrale Bedeutung sich schon daran erkennen läßt, daß sie der Ostsee in den meisten Sprachen ihren Namen geben. Deshalb ist dieser schmale Küstensaum umkämpft wie kaum ein anderer Raum. Nirgends sonst findet sich eine solche Gemengelage mit deutschen Städten, deutschem Adel und autochthoner Bevölkerung, die wechselnd unter Ordens-, dänischer, polnischer, schwedischer und schließlich russischer Herrschaft stehen, wechselnden Reichen ohne »Identitätsverlust« angehören. Von wem und wie sie beherrscht werden, zeigt den Barometerstand an, die augenblicklichen Machtverhältnisse. Weit über ihre materielle Bedeutung als Agrarland oder Handelsplatz hinaus werden sie zum imperialen Symbol.

Indessen gibt es überall viele Deutsche, auch außerhalb des deutschen Reichsgebiets unter dänischer oder schwedischer Herrschaft. Die deutschen Bauern und Städter im »königlichen«, also polnischen Preußen, dem größeren und wichtigeren Teil des alten Deutschordensstaates, sehnen sich nicht nach Vereinigung mit dem »herzoglichen« Preußen in brandenburgischem Besitz, dessen Stände sogar selber gegen ihren Landesherrn Schutz bei der »Krone Polen« suchen. Diesen Deutschen liegt der Gedanke fern, unter »deutscher« Herrschaft leben zu wollen. Auch in Stockholm oder Kopenhagen ist deutscher Einfluß stark, die deutsche Kultur maßgebend. Fast überall spielt der deutschstämmige, nicht zuletzt der baltische Adel eine große Rolle, der sich über die Länder verzweigt, mit immer wiederkehrenden Namen in führenden Funktionen dient und den Begriff der »Staatsnation« problematisch macht, weil er trotz seiner jeweiligen »Reichsrolle« diesen »Kern« gerade nicht repräsentiert.

Es ist von mehr als symbolischer Bedeutung, wenn der Einfall des schwedischen Feldmarschalls Graf Wrangel in die Uckermark 1675 zum brandenburgischen Sieg von Fehrbellin führt, etwa 170 Jahre später aber ein nunmehr preußischer Feldmarschall gleichen Namens in Berlin Popularität als »Papa Wrangel« gewinnt, sozusagen als die gemütliche Seite der Reaktion. Beide hatten übrigens ihre Truppen auch gegen Dänemark geführt, während wiederum der Sieger von Königgrätz und Sedan, der Feldmarschall Graf Moltke, seine Laufbahn als königlich dänischer Leutnant begonnen hatte. Der Mecklenburger Blücher indes, der preußische »Marschall Vorwärts« der Befreiungskriege, begann nicht etwa als preußischer, sondern als schwedischer Husar.

Früher wurde oft beklagt, daß der große Einfluß so vieler Deutscher in fremdem Land dem »Reich«, dem »Deutschtum« nichts gebracht habe, nicht ausgenutzt worden sei und immer wieder Deutsche gegen Deutsche gestanden hätten. Andererseits ist da ein sinistrer deutscher »Drang nach Osten« gesehen worden. Beide Sentiments stammen aus der Epoche des Nationalismus; der hier in Frage stehenden Zeit waren solche Kategorien unbekannt, sie treffen auch nicht den Sachverhalt. Zur Frage des »Deutschtums« als »Kulturträger« oder »Kulturdünger« sei nur angemerkt: Der Norden und Osten Europas ist ziemlich spät christianisiert worden, die Römer kamen bekanntlich nicht so weit. Wenn das, was man »Abendland« nennt, wenn eine gesamteuropäische Kultur sich dort entwickeln sollte, führte der Weg zwangsläufig über das Gebiet des »Reiches« und durch deutsche Vermittlung. Die Alternative zu deutschen Transitstraßen war ein Weg direkt von Byzanz, der in Osteuropa ja beschritten wurde, sich aber als Umweg erwies, weil sich dadurch die Einbeziehung der orthodoxen Christenheit in ein gesamteuropäisches System verspätete und komplizierte. Das ist für den Ostseeraum, der den westlichen Weg wählte, relevant und, das Wort ist wohl am Platz, schicksalsträchtig geworden, weil seine Grenzen auch die Grenze zur Orthodoxie bildeten.

Zu diesem Ostseeraum mit seiner zunächst unübersichtlich und verwirrend scheinenden Gemengelage gehört auch

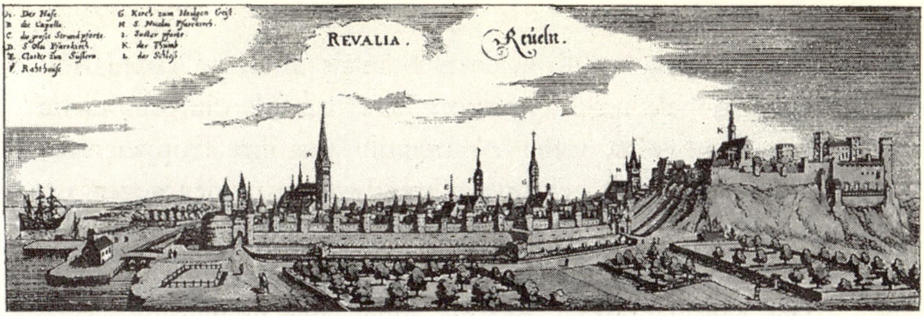

Im Zentrum des Ostseeraumes: Während Riga und Reval anderen Ostseestädten gleichen, haben sie offensichtlich nichts mit ihrem russisch-orthodoxen Hinterland gemein, dessen Handelsströme sie doch aufnehmen. Natürlich leben sie vom Handel (ein Stich des 17. Jahrhunderts zeigt das Treiben am Heringskai in Riga), aber die Stadtsilhouette von Reval (gleichfalls 17. Jahrhundert) zeigt deutlich die Unterstadt der Kaufleute und Bürger und die Oberstadt mit den Stadthäusern des Adels.

Brandenburg-Preußen. Preußen ist als Teil des Ostseeraums nicht so recht wahrgenommen worden, vielleicht, weil es auf »Seegeltung« so wenig Wert legte – das galt aber auch für Polen. Vielleicht weil unklar scheint, wo es einzuordnen ist, wird Preußen oft ein »künstlicher« Staat genannt. Das ist zur Hälfte immer richtig, weil kein Staat dem Boden entsprießt, auf dem er steht, sondern stets als »Kunstprodukt«, als menschliche Veranstaltung hergestellt werden muß. Immerhin war schon Brandenburg kein so unbedeutendes Territorium, wie man oft weismachen will; warum wohl gehörte sein Markgraf von Anfang an zu den Kurfürsten, die die Königswahl vornahmen, lange vor Bayern? Für Preußen trifft allerdings zu, daß es keine »Staatsnation« hatte oder war, nicht einmal in dem Sinne, in dem Bayern das Land der Bayern ist, was immer die Franken davon halten. Es gab kein preußisches »Volk«; als Friedrich Wilhelm III. 1813 seinen Aufruf »An Mein Volk« erließ, mußte er sich behelfen und seine wackeren Litauer, Brandenburger, Pommern usw. einzeln ansprechen.

Das machte Brandenburg-Preußen nicht zu einem Vielvölkerstaat. Aber es war ein Staat, der sich nicht durch einen Volksstamm, sondern eher als Einwanderungsland definierte, weil es als Grenzmark, Kolonialland, wenn man will, auf Zuwanderer angewiesen war, in dem auf Herkunft nicht so geachtet wurde. Und dadurch war es ein Staat, in dem auch Nichtdeutsche, ob Autochthone oder Zugewanderte, ob Hugenotten, Salzburger und Westfalen oder ob Sorben, Kaschuben und Masuren, sich nicht als Minderheiten, sondern als »normale« Preußen fühlen konnten, gipfelnd in dem Ausspruch eines großen polnischen Aristokraten, nach dem ein Pole ohne weiteres Preuße sein könne, aber niemals ein Deutscher.

Man mußte also nicht Deutscher sein, um Preuße zu werden. Das hat zu Schwierigkeiten geführt, als Preußen eine »deutsche Mission« zuwuchs. Denn »Preußentum« konnte wohl einem »Staat«, nicht aber einer »Nation« Richtung und Inhalt geben. Deshalb ist es unsinnig, »Preußentum« mit »Nationalismus« gleichzusetzen. Es ist unpreußisch, der Nation eine quasi metaphysische Kategorie beizumessen, ebenso allerdings, an dieser Nation dann zu »leiden«.

Preußen definierte sich durch seine Staatsidee. Fast wäre man versucht, von Verfassungspatriotismus zu sprechen; aber das würde in die Irre führen, da hatte der sonst, dem Zeitgeist entsprechend, unpreußisch zur Deutschtümelei neigende Friedrich Wilhelm IV. recht. Über diese Idee, über »preußische Tugenden« usw. ist so viel geschrieben worden, daß sich das hier erübrigt; die Ähnlichkeit mit »römischen« Prinzipien – *suum cuique* – fiel schon den Zeitgenossen auf;[5] und vielleicht sind die Analogien zum Deutschordensstaat doch so stark, daß die Namensgebung durch ihn ihre innere Berechtigung hat.[6]

Dadurch wird Preußen allerdings zu einem Fremdkörper innerhalb des zwar territorial zersplitterten, im Grunde aber stammesmäßig gegliederten deutschen Reiches. Doch Preussen wirkt nicht mehr »künstlich«, wenn man es in Beziehung zu den anderen Ostseemächten setzt. Mehr noch als diese ist es in eminentem Maße ein »Reich«. Wenn Dänemark oder Schweden der »Reichs«charakter verlorengeht, bleibt noch ein stattlicher Kern, der sich zum Nationalstaat bilden läßt. Aber was bliebe von »Preußen« übrig? Ein kleiner *Marquis de Brandebourg*, wie es im 18. Jahrhundert pejorativ hieß, aggraviert dadurch, daß anders als der deutsche »Markgraf« der von diesem Titel abgeleitete »Marquis« knapp über dem simplen »Grafen« steht und keinen fürstlichen Rang hat.

Preußen war ein »Reich«, in dem es auf Volksstamm oder Herkunft nicht ankam, in dem jeder, der sein Glück machen will, willkommen ist, in dem sich ganz unterschiedliche Teile zusammenfügen lassen. Deshalb konnte ohne weiteres der völkerrechtliche Trick angewandt werden, den Königstitel dem entlegenen und kleinen, aber »souveränen« Herzogtum

Preußen zu entnehmen. Und deshalb ist die ältere Praxis so korrekt, »Preußen« nur als Abkürzung zu gebrauchen, sonst aber von den »Königlich Preußischen Staaten«, später auch von der »Preußischen Monarchie« zu sprechen, während das Reden von einer »Preußischen Nation«, wie im 19. Jahrhundert zeitweise in Anpassung an den neuen Sprachgebrauch üblich, oder von einer »Preußischen Nationalversammlung« allerdings »künstlich« klingt.

Die Anhäufung von Titeln, die den territorialen Besitzstand oder etwaige Ansprüche zeigen, ist natürlich gängige Praxis auch innerhalb des Reichs. Aber der »preußische« Titel hat als »europäischer« oder »internationaler« Titel besondere Bedeutung. Wohl verfügt der »König in Preußen« nur über den kleineren, weniger wichtigen Teil des preußischen Territoriums, während der bedeutendere das eigentliche »königliche«, nämlich Polnisch-Preußen umfaßt. Doch hat dieser »Fuß außerhalb des Reichs« seine eigene, intrinsische Bedeutung, die Preußens »Künstlichkeit« weiter vermindert und unter anderem erklärt, warum es auch als Ostseemacht keiner Seemacht bedarf. Denn wie das Baltikum ist auch diese Gegend an der Weichsel eine Schlüsselregion des Ostseeraums. Während andere sich erst dahin begeben müssen, kann der Herr des Herzogtums jederzeit wie der Swinegel im Märchen rufen: »Ick bün allhier!« So ist der Große Kurfürst in die große polnisch-schwedische Auseinandersetzung von vornherein einbezogen, ein umworbener Partner.

Hat man sich daran gewöhnt, Preußen als Ostseemacht zu begreifen, dann fällt die Parallele, die Ähnlichkeit des preußischen und des schwedischen Aufstiegs auf: erst die jahrzehntelange Vorbereitungsphase, der Modernisierungsschub, die merkantilistische Stärkung der Volkswirtschaft, die Ermutigung fremder Investoren, die Reform der Finanzen und der Staatsorganisation, um die Bürde eines schlagkräftigen, vergleichsweise überdimensionierten Heeres tragen zu können, dann die tatkräftige Entschlossenheit, Chan-

Die Überquerung des vereisten Kurischen und Frischen Haffes durch den Großen Kurfürsten, um 1679 ein in Ostpreußen eingefallenes schwedisches Heer zu verfolgen, ist ein etwas paradoxes Beispiel »amphibischer« Kriegführung und der Bedeutung küstennaher Seewege. Mit seinen Waffentaten und Teilsiegen konnte sich der Kurfürst Respekt verschaffen, die schwedische Großmachtstellung aber nicht ernstlich beschädigen. Für Brandenburg/Preußen war die Zeit noch nicht reif. Eine Großmacht kann auch Niederlagen überstehen.

cen wahrzunehmen, etwas zu wagen, die persönliche Tüchtigkeit mehrerer Herrscher, der ständige Blick auf die europäische Lage, aus der weniger gefährdete oder weniger ambitionierte Territorien sich ängstlich herauszuhalten suchen.

Hier wird noch ein Element sichtbar, das alle Ostseemächte verbindet, das sie eigentlich samt und sonders als Großmächte qualifiziert, weil dazu nach Paul Kennedy die ständige Überforderung gehört, der Einsatz bis an den Rand der Kräfte und darüber hinaus. Keine der Ostseemächte ist von Hause aus reich. Schweden wie Preußen müssen Wert auf Subsidien legen, französische oder britische, ohne sich dadurch zu Werkzeugen machen zu lassen. Alle leisten mehr, als sie eigentlich können.

Und dazu gehört das Risiko des Scheiterns, auch des Zufalls. Was wäre aus der preußischen Monarchie geworden, wenn Friedrich der Große das Schicksal des von ihm bewunderten Karls XII. geteilt und eine verirrte Kugel ihn getroffen hätte? Umgekehrt: Wäre der Aufstieg Preußens denkbar gewesen, wenn der Genius Karls XII. mit Peter dem Großen fertiggeworden wäre? Der Geburtsort der preußischen Großmachtstellung ist das Schlachtfeld von Poltawa.

Es gibt eine zeitliche Folge, in der *dramatis personae* aktiv werden. Man kann immer streiten, wann die *translatio imperii* perfekt ist, weil es um Abläufe von Prozessen geht. Aber es gibt Schlüsseldaten, Knoten, wie Solschenizyn sagen würde – auch solche, an denen ganz andere Möglichkeiten aufscheinen, für einen Augenblick sichtbar werden, ohne sich zu verwirklichen.

Von den »Kandidaten« für die Position des wichtigsten Ostseestaates war Brandenburg-Preußen der zunächst wohl unwahrscheinlichste; im Dreißigjährigen Kriege befand es sich in kläglicher Verfassung, versuchte verzweifelt und ohnmächtig wie ein beliebiger mecklenburgischer oder pommerscher Herzog, Neutralität zu wahren und sich irgendwie durchzumogeln. Wenn Preußen doch »das Rennen machte«, so offenbar im Eliminationswege, indem »Titelverteidiger« und andere Kandidaten zuvor ausschieden, ohne speziell von Preußen dazu gezwungen zu werden. Es geht also nicht um Hahnenkämpfe, bei denen einer übrigbleibt. Eher ist der im Vorteil, der unverbraucht und mit frischen Kräften das Feld betritt, auf dem Sieger wie Besiegte sich erschöpft und verschlissen haben. Seine eigene Feuerprobe mußte Preußen auf anderen Schauplätzen und mit anderen Kontrahenten bestehen. Doch mit der *translatio imperii* ist eine Erbschaft von Räumen, Problemen, Aufgaben, möglichen Verhaltensweisen und Lösungen verbunden. Auch daher rühren Ähnlichkeiten.

Die übergangene Großmacht

In seinem Werk *»The Limits and Divisions of European History«* (1950) bezeichnet Oscar Halecki Polen mit einem geopolitischen Begriff als *Herzland.* Das verdient Aufmerksamkeit; leider erläutert der große polnische Historiker das nicht und geht nicht der Frage nach: Herzland von was? Da ließe sich nämlich ganz simpel feststellen, daß sich Polen ziemlich genau in der geographischen Mitte des Ostseeraumes befindet. Halecki beschäftigt jedoch anderes.

Er sieht Polen in erster Linie zwischen zwei Fronten: als »Schutzwall des Abendlandes« nach Osten und an seiner Westgrenze in der Abwehr eines deutschen »Drangs nach Osten«.

Das ist eine sehr gängige, aber asymmetrische Sicht. Denn wenn Polen »Schutzwall des Abendlandes« war, dann gehörten auch die deutschen Nachbarn zu der zu schützenden Christenheit. Dann ist schwer zu verstehen, wieso der Deutsche Orden, der doch die gleiche Aufgabe wahrnahm, als so schlimmer Gegner angesehen wurde, daß er unbedingt reduziert werden mußte. Wenn das aber als Beseitigung einer Rivalität notwendig oder wünschenswert war, hätte nahegelegen, das nunmehr »königliche« Preußen, das bereits das wirtschaftliche Rückgrat des polnischen Reiches darstellte, einschließlich seiner Deutschen in dessen Kern einzubeziehen oder zu diesem zu machen.

Richtig ist, daß Polen eine sehr breite Flanke nach Osten hatte. Die polnischen Leistungen an dieser Front sind nicht zu bestreiten, auch nicht die in der Abwehr der Osmanen, deren Ansturm allerdings nur in Ausläufern Polen erreichte. Wenn gleich den Osmanen auch die »Moskowiter«, das sich zum Russischen Reich entwickelnde Großfürstentum Moskau, nicht zum europäischen System der *civitas Christiana* gehörten, dann war in der Tat die Ostgrenze Polens die Ostgrenze Europas.

Doch die »Moskowiter« waren zunächst wenigstens lange nicht so gefährlich wie die straff geführte und organisierte osmanische Militärmacht, die ganz Europa in Angst und Schrecken versetzte. Sie waren nicht so unversöhnliche Feinde der Christenheit, der sie doch selber, wenn auch in orthodoxer Form angehörten. Mit ihnen kam es nicht nur zu Waffenstillständen, sondern zu Verträgen oder gar Bündnissen; dynastische Verbindungen wurden in beiden Richtungen erwogen. Mit vielleicht besserem Recht als Polen könnte Moskau sich als Ostgrenze der Christenheit sehen, weil es schließlich vom 13. bis zum Ende des 15. Jahrhunderts die Hauptlast des mongolischen Ansturms zu tragen hatte, unter dessen Folgen es lange litt und wohl noch leidet. Das hatte ja umgekehrt dem polnisch-litauischen Großreich ermöglicht, seine Grenzen über Kiew und Smolensk bis zum Schwarzen Meer hinauszuschieben – was dem polnischen Adel größere Möglichkeiten gab, sich auszudehnen als im gefestigteren Westen des Landes oder gar in Preußen, das zum Schaden Polens dadurch eher zum Nebenland wurde. Polen blieb, obschon die Erfolge wechselten, im Verhältnis zu Moskau lange überlegen.

Diese langgestreckte Front war eine polnische Besonderheit. Doch auch für die anderen Ostseemächte, vorzüglich die, die sich wie Schweden im Baltikum engagierten, war Rußland zwar noch keine existentielle Bedrohung, aber doch eine ständige Präokkupation, während es dem restlichen Europa so fern und so exotisch wie China erschien und allenfalls zum Gegenstand der Neugierde wurde.

Unzweifelhaft jedoch gehörte Rußland noch nicht zum Ostseeraum, obwohl es an dessen Rändern herumrumorte und in das Baltikum zu drängen suchte. Mit Erleichterung zog 1617 der Schwedenkönig Gustav Adolf vor seinem

Reichstag das Fazit: »Rußland ist von der Ostsee ausgeschlossen, und ich hoffe bei Gott, daß es den Russen in Zukunft schwerfallen wird, über den Bach zu springen.« Außer dem unmittelbaren Kontext ist vor allem der zweite Halbsatz ein Ostsee-Schlüsselwort, das den beständigen Blick auf die Gegenküste zeigt. Doch war der Ausschluß Rußlands vom Baltikum gemeinsames Anliegen aller Ostseemächte.

Daher bleibt merkwürdig, wie der um gesamteuropäische Geschichte bemühte Halecki immer nur in West-Ost-Richtung denkt, auch bei seiner Postulierung eines Ostmitteleuropas, das er eigentlich nur negativ als nicht-deutsch und nicht-russisch definiert. Solche Begriffe sind freilich nie rein geographisch zu verstehen; sie haben einen historischen und politisch-polemischen Kontext. Haleckis Definition stellt eine *Polnische Antwort* auf Friedrich Naumanns Gedanken über »Mitteleuropa« dar, ähnlich der *Livländischen Antwort* des Deutschbalten Karl Schirren auf russische panslawistische Ideen. Beide lassen sich etwa so zusammenfassen: »Leider sind wir mit Euch in einem Raum zusammengesperrt, aber sonst haben wir mit Euch nichts gemein und wollen mit Euch so wenig wie möglich zu tun haben.«

Der Mitteleuropagedanke Friedrich Naumanns wird heute als chauvinistischer und imperialistischer Sündenfall dieses Sozialliberalen betrachtet und allenfalls mit »Zeitgebundenheit« entschuldigt. Das ist aber gerade der Punkt: Naumann ging es um eine klare *response* auf einen klaren *challenge* im Sinne Toynbees. In seinem 1915 erschienenen Buch »Mitteleuropa« und schon zuvor zog Naumann nur die Konsequenz aus der – wie immer zustande gekommenen – Tatsache, daß die »Mittelmächte« Deutschland und Österreich-Ungarn aufeinander und auf ihren engeren Raum angewiesen waren und sich in ihm und mit ihm vernünftig zu organisieren hatten. Das war das Gegenteil von Expansionismus, nämlich eine Reduzierung von »Weltmachtideen« auf realistischere und »machbare« Proportionen, eine Definition deutscher Interessen, die Max Weber in seiner Forderung nach deutscher »Weltpolitik« noch unterlassen hatte, und zugleich die Suche nach einem Interessenausgleich innerhalb des Raumes. Natürlich hängen solche Begriffe von konkreten historischen Lagen ab. So war Naumanns »Mitteleuropa« mit dem fatalen Zusammenbruch der Donaumonarchie erledigt. Doch schon die amtliche deutsche Politik im ersten Weltkrieg konnte mit ihm nichts anfangen und reagierte auf die unverhofften Chancen im Osten außerhalb von kriegsbedingten Überlegungen zur Verbesserung der eigenen schmalen Rohstoffbasis teils mit anachronistischen dynastischen Spielereien, die bald diesen, bald jenen deutschen Fürsten zum Oberhaupt baltischer Staaten machen wollten (der seinerzeit von der DDR als Präsident der Akademie der Künste in Anspruch genommene Arnold Zweig hielt das immerhin für wichtig genug, es in seinem Romanzyklus über den ersten Weltkrieg – »Einsetzung eines Königs« – festzuhalten), teils mit Hoffnungen auf »Eindeutschung«. Das war mehr illusionär als bösartig, politisch jedenfalls undurchdacht; aber es entsprach dem nationalistischen Trend, der dann auch die polnische Politik und die der baltischen Staaten bestimmte.

Gerade der hier in Frage stehende Raum mit seiner nationalen und historischen Gemengelage läßt sich indessen »ethnisch« am wenigsten definieren. Vielmehr verhindert die Unterordnung raumpolitischer Überlegungen unter »nationale« germano- oder slawozentrische Kategorien, den Ostseeraum als solchen überhaupt wahrzunehmen.

Die Ostsee kommt deshalb bei Halecki kaum vor, obwohl beim Friedensschluß 1919 Polens Zugang zur See eine große Rolle spielte, zum »Korridor« und zur Freien Stadt Danzig führte. Darüber, daß Polen »auch« einen Zugang zum Meer braucht, wurde vergessen, daß es sich in der Mitte des Ostseeraumes befindet. »Mitte« sollte nicht mit einer »Mittlerrolle« verwechselt werden, die sich meist der zuschreibt, der nicht recht weiß, wohin er gehört. Trotzdem ist der Begriff der »Mitte« nicht ohne Relevanz: »Denn erfahrungsgemäß befindet sich im Zentrum eines politischen Raums entweder eine starke ausgreifende Macht, oder es ist aufs vielfältigste den politischen Einwirkungen anderer ausgesetzt« (Christian Meier). Weil Polen sich eigentlich nie als Mitte dieses Ostseeraumes begriff, nahm es auch nicht wahr, wie es in der ersten Hälfte des 17. Jahrhunderts in eine existentielle Krise geriet, die sein Schicksal als Großmacht besiegelte.

Nein, mit dem *liberum veto* hatte das noch nichts zu tun, das kam erst 1652. Soviel ist richtig, Polen hatte innere Schwierigkeiten: Die freie Königswahl nach den Jagiellonen führte wie im Heiligen Römischen Reich zu Wahlkapitulationen, zu Konzessionen an Adel und Stände, die zu Lasten der Krone und einer effizienten Regierung gingen, aber noch nicht zur Regierungs- und Bündnisunfähigkeit akkumuliert waren. Das war keine polnische Eigenheit; andere Ostseemächte, die durchweg nicht oder noch nicht absolutistisch regiert wurden, hatten ähnliche Probleme.

Das schwierige Verhältnis zwischen Herrschern und Ständen tendierte, geradezu ostseetypisch, immer wieder zur Adelsherrschaft. Die baltischen Ritterschaften sind ein Extremfall; man kann ihnen zum Vorwurf machen, sich nicht mit den deutschen Städten, und beiden, sich nicht mit estnischen oder lettischen »Untertanen« verbunden zu haben, zu deren »Herren«, aber nicht zu ihren »Führern« geworden zu sein – nicht einmal in dem Sinne, in dem ein ostelbischer Junker wie seine Bauern es selbstverständlich fanden, daß er als Offizier wie sie als Soldaten gemeinsam »des Königs Rock« trugen. Das bedeutete aber zugleich Verzicht auf »Eindeutschung« und damit Bewahrung estnischer oder lettischer »Identität«, immerhin »landesväterlich« gefördert durch Schule und Kirche. Vor allem ist dem baltischen Adel zugute zu halten, daß er sich – wegen der exponierten Lage der baltischen Lande – der feudalen, »ritterlichen« Tradition bewußt blieb, daß Adel einen Lehnsherrn voraussetzt, möglichst einen starken, dem man dann allerdings dienen muß. Dem polnischen Adel in seiner anderen Situation kam es auf den König nicht als »Dienstherrn«, sondern nur als Verteiler von Privilegien und Konzessionen an. Auch dieser Adel fühlte sich als die eigentliche »Nation« und ignorierte seine »Untertanen«, obwohl es sich bei diesen doch gleichermaßen um Polen handelte.

Indessen ist das etwas zu relativieren. Noch im demokratischsten aller demokratischen Staaten pflegen Parlamentarier nach ihren eigenen Ritualen, Regeln, Fraktionszwängen und Absprachen zu handeln und sich an das »Volk« nur in Wahlzeiten zu erinnern. Historisch, also vom Ergebnis her, kommt es weniger darauf an, wer mit welcher Legitimation entscheidet, als darauf, was und wie entschieden wird, ob vernünftig und »lagegerecht« gehandelt wurde. Deshalb muß sich jeder Staat zurechnen lassen, was in seinem Namen geschieht.

Die existentielle Krise Polens entzündete sich um die Wende vom 16. zum 17. Jahrhundert an einer auf den ersten Blick rein dynastischen Frage. Der polnische König Sigismund III. als erster »polnischer Wasa« war zugleich legitimer Erbe des schwedischen Throns und hatte ihn eingenommen, bis er des Throns für verlustig erklärt wurde, wollte aber weiterhin um ihn kämpfen.

Damit eröffnete sich für einen Augenblick die atemberaubende Vision eines polnisch-schwedischen Doppel- oder Großreichs, das die gesamte baltische Küste in der Hand hätte und einen frühen Gegenentwurf, eine Antithese zu dem »großen Plan« Habsburgs und Wallensteins darstellen und die europäische Landkarte entscheidend verändern würde.

Die Chancen standen so schlecht nicht. Der Glanz des Jagiellonenreiches war keineswegs verblichen, die polnische Großmachtstellung unangefochten: Im Osten konnte es jeden Gegner in Schach halten; im Westen war es von niemandem bedroht – von wem denn auch, etwa dem vergleichsweise kleinen brandenburgischen Kurfürsten, der froh sein durfte, wenn ihm sein mit allerlei Auflagen versehenes Herzogtum Preußen erhalten blieb?

Warum also hatte eine solche Vision nicht die geringste Aussicht auf Erfolg, starb sie, kaum daß sie geboren war? Die Antwort ist im Grunde einfach. Wenn es zu jener Zeit in diesem Raum eine *imperiale Idee* geben konnte, einen primären, zentralen, aktuellen und allgemeingültigen Impuls, dann mußte es die des *Protestantismus* sein; es konnte keine imperiale Idee geben, die nicht zugleich eine evangelische Idee war. Das wird der heutigen evangelischen Kirche sehr merkwürdig vorkommen. Aber damals wurde Religion noch ernst genommen. Es mag sein, daß der Protestantismus als die schwierigere und verletzlichere Form von Kirche zur Säkularisierung der Gesellschaft in besonderem Maße beigetragen hat, zugleich als »Täter« wie als »Opfer«. Jedoch ging es um existentielle Fragen politischer Theologie. Die Forderung nach Glaubens- und Gewissensfreiheit gewinnt ihre Wucht, ihren Ernst ja aus *Inhalten* des Glaubens und des Gewissens, nicht dagegen als bloße Ausrede dafür, daß man weder das eine noch das andere hat, oder als Wunsch nach Beliebigkeit. Gerade dieser Ernst führte zu ihrer Verknüpfung mit ganz anderen Erwägungen und Interessen, strategischen, machtpolitischen, ökonomischen oder dynastischen. Da gibt es nichts zu »entlarven«. Auch der Freigeist Friedrich der Große sah, anderthalb Jahrhunderte später und inmitten der Aufklärung, bei aller Toleranz Preußen ganz selbstverständlich als eine »protestantische« Macht.

So abwegig und abenteuerlich, wie es auf den ersten Blick aussieht, ist es nicht, sich Polen als evangelische Vor- und Großmacht im Nordosten Europas vorzustellen. Denn die Reformation hatte zunächst in Polen kräftig Fuß gefaßt, blieb durchaus nicht auf Preußen und die deutschsprachigen Städte beschränkt. Und die einsetzende Gegenreformation gewann auch bei den polnischen Ständen zunächst nicht so viel Boden zurück. Schon das starke orthodoxe Element im Lande sprach ja eher für Toleranz, für Zustände ähnlich dem Augsburger Religionsfrieden. Als imperiale Idee, als Leitgedanke wäre das vielleicht ein Minimum gewesen, das zwar die rein protestantischen Mächte im übrigen Ostseeraum als Vorbild nicht besonders beeindruckt, die Fortexistenz Polens als große Ostseemacht aber insofern gesichert hätte, als es polnische Herrschaft über protestantische Regionen wie Preußen und das Baltikum erträglich oder gar attraktiv hätte erscheinen lassen. Der erste »polnische Wasa«, ein überzeugter Katholik, förderte jedoch die Gegenreformation so, daß die Protestanten an den Rand gedrängt wurden und von Gleichgewicht keine Rede mehr sein konnte. Religiöse Toleranz wurde statt zu einem Grundprinzip des Staates zu einem Notbehelf, wo es anders gar nicht ging, und trotz einigem Hin und Her fortlaufend eingeschränkt oder aufgehoben.

Die These sei zugespitzt, um sie deutlich zu machen: Die Rolle der katholischen Kirche als Fluchtburg polnischer Identität in der Zeit der Teilung und nicht zuletzt unter sowjetischer Herrschaft ist rühmlich und unzweifelhaft. Doch ebendieser Katholizismus zerstörte das Rollenverständnis Polens als Vielvölkerstaat und seine Großmachtstellung. Polen isolierte sich an der Ostsee und wurde dort herrschafts- wie bündnisunfähig. Statt dessen machte es sich, etwas unorganisch und künstlich, zum Ausläufer eines zwar benachbarten, aber doch anderen und fremden Raumes, der analog zum Ostseeraum als Donauraum zu definieren wäre. Da in diesem, im wesentlichen habsburgisch bestimmten Raum für Polen, das nicht oder nur peripher hineingehörte, keine eigene Rolle zu finden war, wurde es, von der Ostsee betrachtet und in der Diktion Carl Schmitts, zum Einfallstor für »Interventionen raumfremder Mächte«, zunächst habsburgischer oder französischer Interessen, und so begann der allmähliche Wandel vom selbständigen und einflußreichen europäischen Machtfaktor zum fremdbestimmten bloßen Objekt europäischer Politik.

Challenge and response. Beide treffen in der Person des polnischen Wasa-Königs Sigismund III. zusammen, keinem sehr bedeutenden, aber noch lange nicht dem schlechtesten Träger der polnischen Krone, von dem nun der Knoten geknüpft wird. Gewiß hat das eine Vor- und Nachgeschichte. Doch läßt sich nicht von unausweichlichem Schicksal sprechen; der König hatte eine Reihe von Optionen.

Die Fehlantwort auf den *challenge*, die zu einer *Daseinsverfehlung* führte, wurde nicht sofort sichtbar, weil auf dem polnischen Thron glanzvollere Nachfolger kamen wie, noch gegen Ende des Jahrhunderts, der »Türkenbezwinger« Johann Sobieski. Unter Sigismund befand sich Polen äußerlich auf einem Höhepunkt seines Ansehens und seiner Ausdehnung. Ihm bot sich die Gelegenheit, gleichzeitig – etwas im Zeitraffertempo gesprochen – nach zwei anderen Kronen zu greifen, nämlich einmal nach der schwedischen und zum anderen nach der Moskauer Zarenkrone, durch Ausnutzung der Wirren um den »Falschen Demetrius«. Polen wurde die erste europäische Macht, die sich in die Tiefe des russischen Raums vorwagte, einige Jahre hielt es Moskau besetzt. Damit begab es sich in einen Zweifrontenkrieg, einerseits im Osten und andererseits an der Ostsee, der ein russisch-schwedisches Bündnis geradezu erzwang (das zum Glück für Polen wegen noch geringen russischen Interesses an »Westexpansion« nicht recht zum Tragen kam) – klassischer Fall der *overextension* einer Großmacht, hier allerdings nicht durch vorhandene *commitments* erzwungen, sondern selbst provoziert. Durch seinen Katholizismus verhinderte Sigismund selber die Durchsetzung seines an sich guten Anspruchs auf die schwedische Krone, beraubte sich der einzig tragfähigen imperialen Idee und provozierte vielmehr erbitterten Widerstand; im Osten verzettelte er sich in »zielloser Expansion« (Schumpeter) in sarmatischen Weiten.

Mit Schweden kam es zu kriegerischen Auseinandersetzungen, die sich (mit Unterbrechungen) über ein halbes Jahrhundert hinzogen und in denen Schweden in der Lage war, sich in der Weichselmündung und im »königlichen« Preußen festzusetzen, ohne sich allerdings dort auf Dauer zu halten.

Die tatsächlichen Ergebnisse dieses Ringens schienen im Frieden von Oliva 1660 für Polen sogar glimpflicher, als der Kriegsverlauf erwarten ließ; aber als Zeichen an der Wand waren sie unübersehbar. Die Ereignisse in der Ukraine, überhaupt im eigentlichen »Osten« interessieren hier weniger, weil die Grenzen dort weniger stabil sind und mit der Ostsee nichts zu tun haben. Doch im Baltikum verlor Polen endgültig Livland (also große Teile des heutigen Lettland) und Estland; die livländischen Stände, die sich vor nicht so langer Zeit aus Russenfurcht der polnischen Krone geradezu in die Arme geworfen, inzwischen aber die Gegenreformation zu spüren bekommen hatten, gingen mit fliegenden Fahnen zu Schweden über und taten gut daran.

Das andere Ergebnis war die brandenburgische Souveränität über das Herzogtum Preußen, das Aufgeben der lange bestehenden Abhängigkeit von Polen. Mit mehrfachem Seitenwechsel hatte Brandenburg sich als selbstbewußter und notwendiger Verbündeter erwiesen; damit war es noch keine Großmacht, hatte aber seine »Rezeptionspartie« geschlagen.

Aufschlußreicher als das, was passierte, ist vielleicht das, was nicht geschah. Schon durch seinen Krieg mit Schweden war Polen in den säkularen Konflikt des Dreißigjährigen Krieges einbezogen. Dieser Krieg in seiner Nachbarschaft konnte es eigentlich nicht unbeteiligt lassen. Doch mit kurzer Ausnahme während des Wallensteinschen Vorstoßes an die Ostsee blieb es neutral.

Es ist etwas makaber, jemandem vorzuwerfen, daß er an einem Gemetzel ausnahmsweise nicht teilnimmt. Indessen: Der Westfälische Frieden von 1648 war kein »Siegfrieden«, er war, wie von Wallenstein vorhergesagt, ein Frieden allgemeiner Erschöpfung, weil keine der Streitparteien stark genug war, den Krieg für sich zu entscheiden. Diese Stärke wäre wohl hergestellt worden, wenn eine weitere Großmacht der einen oder anderen Seite beigetreten wäre. Das hätte vielleicht keinen wesentlich anderen Frieden erbracht (so schlecht war der von Münster und Osnabrück auch wieder nicht), aber den Krieg hätte es um Jahre abkürzen, weitere Zerstörungen und Blutopfer verhindern können. Das Interessante ist, daß die europäische Großmacht Polen nicht nur nicht eingriff, sondern daß es niemand von ihr ernsthaft erwartete. Ein Jahrhundertereignis wie der Westfälische Frieden, vergleichbar dem Wiener Kongreß – und Polen ist gerade eben anwesend, bewegt aber nichts. Polen muß nicht gefragt werden. Schweden dagegen ist als europäische Großmacht eindeutig etabliert, im gleichen Range wie Frankreich.

Translatio imperii. Diese *translatio* erfaßt in der Regel relativ wenig Territorium, nur Teile einer *imperialen Verfügungsmasse*: Zu dieser gehören exemplarisch die »Baltischen Provinzen«, über deren Symbolcharakter bereits gesprochen wurde. Dazu gehört mit Ost- und Westpreußen auch das Land an der Weichsel sowie die ganze pommersche (mehr als die mecklenburgische) Küste. Dieser langgezogene, aber ziemlich schmale Küstensaum ist das eigentliche »Herzland«, die Schlüsselregion des Ostseeraums. Eine Präsenz dort scheint notwendigerweise zu der »Basis« zu gehören, die Ostseemächte haben müssen, um »europäisch« zu agieren. Das hat wohl mit der geographischen Mittellage dieser Region und mit der Gegenküste zu tun. *Ex negativo*: Weil Dänemark, das schon früh nach Estland ausgriff, sich im Baltikum nicht auf Dauer hielt, schied es aus dem »Rennen« um die Position des *primus inter pares* alsbald aus, obwohl es noch lange danach eine ansehnliche Ostseemacht mit im Grunde besseren Voraussetzungen als andere blieb.

Im Hinblick auf die Ostsee reichten relativ geringe Verschiebungen innerhalb der imperialen Verfügungsmasse aus, um die Verteilung der Gewichte neu zu bestimmen. Dennoch wird es zum Problem, wenn sich im Ostseeraum geographische Mitte und politisches *center of gravity* nicht mehr decken, die in der Reichsnachfolge Polens stehenden Mächte also aus einer exzentrischen Position heraus agieren müssen. Vor allem in dem Maße, in dem die Großmacht Polen »Schutzschild des Abendlandes« nach Osten war, stellte sich die Frage, wie diese Aufgabe anders als durch das *Herzland* Polen selber zu lösen war, und vor dieser Frage standen die Nachfolgemächte in einer Zeit, in der ein »Schutzschild« nötiger wurde als in Jahrhunderten zuvor.

Erschreckend, wie wenig die polnische »Adelsrepublik« sich von alledem berührt fühlt, wie wenig sie die Lage und den Niedergang Polens wahrnimmt, in ihren eigenen Kabalen befangen bleibt und kaum versucht, ein Gemeinwohl oder nur ihre eigenen elementaren Existenzvoraussetzungen zu erkennen. Weil das keine auf Polen beschränkte Gefahr ist, weil Hedonismus, »Selbstverwirklichung«, Libertinage und Mangel an Gemeinsinn jede *civitas* bedrohen, vom alten Rom bis zur Bundesrepublik Deutschland, sind die prophetischen Worte so bewegend, mit denen der letzte polnische Wasa-König Johann Kasimir 1668 – über ein Jahrhundert vor der ersten polnischen Teilung – zermürbt und enttäuscht abdankte:

»Glaubt mir, Ihr polnischen Herren, die Ihr keinen Herrn … über Euch anerkennt, wenn Euer glorreiches Staatswesen weiter in dieser Art regiert wird …, dann wird der Tag kommen, und er ist vielleicht nicht mehr fern, wo dieser ruhmreiche Staat nach allen Seiten in Fetzen gerissen wird, wo begehrliche Nachbarn – Brandenburg, das Moskowiterreich und Österreich – es in die Tasche stecken werden, wo es zu einem Nichts verkümmern und sich von der Erde ausgelöscht sehen wird … Lebt wohl!«

Das schwedische Jahrhundert

Der schnelle Aufstieg Schwedens ist um so erstaunlicher, als es außer Polen noch einen Rivalen hatte, nämlich Dänemark, von dessen faktischer Oberherrschaft durch die Kalmarer Union, die die drei skandinavischen Kronen unter dänischer Führung vereinigte, das arme Bauernland mit seiner einen Million Einwohner sich erst ein knappes Jahrhundert zuvor durch das Haus Wasa befreit hatte.

Der Ausdruck »Rivale« ist nicht von ungefähr gewählt, er bezieht sich nicht nur auf die beiden Länder, sondern auch auf das persönliche Verhältnis ihrer Herrscher, auf Christian IV. von Dänemark (1577 - 1648) und den Schwedenkönig Gustav II. Adolf (1594 - 1632). Beide stehen gleichermaßen vor der Frage, ob sie, eventuell sogar gemeinsam, in den deutschen Religionskrieg, den beginnenden Dreißigjährigen Krieg, eingreifen sollen. Die *protestantische Idee* als Leitidee haben sie nicht erfunden, sie drängt sich auf, weil die Not ihrer »Religionsverwandten« auch sie ereilen kann. Sie drängt sich noch aus einem anderen Grunde auf, nämlich *by default.* Eigentlich ist Kursachsen die protestantische Vormacht im »Reich«; aber es entzieht sich dieser Aufgabe, bleibt vor allem bestrebt, das reiche und behäbige Land so zu erhalten, sieht sich als Vermittler, verhält sich vorzugsweise neutral und allenfalls als lauer und wankelmütiger Verbündeter.

Christian ist etwas schneller, ist als Herzog von Holstein gleichzeitig Reichsfürst und läßt sich zum »Kreisoberst« und damit von Amts wegen zum Anführer der nordwestdeutschen evangelischen Stände machen. Auch hat er die eine oder andere eher kleinräumige territoriale Ambition, hätte gerne Halberstadt und dergleichen mehr. Während Gustav Adolf noch zaudert und allerlei Bedingungen stellt, bevor er sich auf die Sache einlassen will, benutzt Christian diese etwas schmale Basis, um seinen schwedischen Rivalen auszustechen und sich zum Vorkämpfer der evangelischen Sache zu machen. Aber seine unkoordinierte Kriegführung führt ihn von Niederlage zu Niederlage, Wallenstein dagegen zu einem Siegeszug ohnegleichen an die Ostsee. Christian kann froh sein, mit einem blauen Auge davonzukommen, weil er für Wallenstein als Gegner nicht mehr interessant ist und dieser mit Schleswig oder Jütland nichts anfangen kann. Der dänische König zieht sich aus der ganzen Sache zurück, wird »kaisertreu«.

Offenbar waren Gustav Adolfs Bedenken gegen eine so schlecht vorbereitete und undurchdachte Unternehmung berechtigt. Er hat einen unvergleichlich besseren strategischen Blick, nicht nur als Feldherr, sondern für die Gesamtlage. Was er nun sieht, ist für ihn nicht erfreulich: Die evangelische Sache ist infolge ihrer Niederlagen und des Restitutionsedikts in desolaterem Zustand denn je, seine mecklenburgisch-pommersche Gegenküste ist – eine grundlegende, geradezu revolutionäre Veränderung der Gewichte in der gesamten Region – in der Hand eines mächtigen Gegners mit ausgreifenden Plänen; er selber befindet sich in einer heftigen Auseinandersetzung mit Polen, dessen König durchaus auch in Schweden der Gegenreformation zum Sieg verhelfen und seinen Thron dort wiedergewinnen will, den er unter Bürgerkriegsumständen verloren hatte. Das alles war schon eine existentielle Gefährdung Schwedens und seines Königs.

Wallenstein, Herzog von Friedland und nun auch von Mecklenburg, sah die Gefahr schwedischen Eingreifens. Deshalb schickte er ein Hilfskorps nach Polen, um Gustav Adolf zu binden, dem es dort in der Tat zu schaffen machte. Aber das mag zur *self-fulfilling prophecy* geworden sein. Es lenkte den Blick des Königs erst recht auf die Gegenküste als Einfallstor für »raumfremde Mächte« und darauf, daß, wie er schon Jahre zuvor (1626) seinem Kanzler Oxenstierna schrieb, »alle Kriege, die in Europa geführt werden, miteinander vermischt und zu einem einzigen geworden sind«. Sollte er noch zögern, könnte ihm dieser Schachzug Wallensteins den letzten und endgültigen Anstoß geben, seinerseits »den Sprung über den Bach« zu tun.

Beruhigen konnte Gustav Adolf nicht, daß Wallenstein ihn wissen ließ, er habe nichts gegen Schweden und werde keine Schwierigkeiten machen, wenn es sich Norwegen oder den dänischen Besitz im südlichen Schweden hole. Das war ja der Pferdefuß: Der König wollte sich nicht auf der skandinavischen Halbinsel mit ihren offenen Flanken zu den Gegenküsten einsperren lassen. »Schweden ist zu Hause am schwächsten« blieb über ein halbes Jahrhundert schwedische Richtschnur, die es seine auswärtigen Konflikte durch Kontrolle der Gegenküsten und außerhalb seiner Grenzen durchfechten ließ.

Als der dänische Christian als Vermittler auftreten will und den König fragt: »Was haben Euer Liebden in Deutschland zu tun? Was hat der Kaiser gegen Euer Liebden verbrochen?«, da antwortet Gustav Adolf mit zunehmender Erregung und schlägt auf den Tisch: »Und dessen können Euer Liebden versichert sein, wer uns so etwas antut, mag es Kaiser oder König, Fürst oder Republik sein, mit dem nehme ich mich bei den Ohren, daß die Haare fliegen.«[7]

Die Frage, was er denn in Deutschland zu suchen habe, hätte der fromme König an Christian zurückgeben können: War denn die evangelische Sache plötzlich so gar nichts? War nicht der mühsam genug erreichte Religionsfrieden jetzt erst recht in höchster Gefahr, und mit ihm alle protestantischen Mächte? Er sprach vor allem von der Religion, aber die strategische Bedrohung durch das Erscheinen des Hauses Habsburg an der Gegenküste Schwedens trug gewiß zu seiner Erregung wie zu seinem Entschluß bei. Über Gustav Adolfs Motive kann man so schön streiten, weil sich aus einem ganzen Motivbündel nach Belieben das eine oder

Noch auf dem Holzstich des 19. Jahrhunderts erscheint Schwedens König Gustav Adolf bei seiner Landung in Pommern 1630 nicht als »Eroberer«, sondern als »Befreier« und Retter des evangelischen Glaubens. Die Begeisterung über seinen Siegeszug durch Deutschland zeigt schwärmerische Züge: Der Choralvers »Dies ist der Mann, der helfen kann« (Flugblatt von 1632 zu seinem Einzug in Augsburg) gilt eigentlich Jesus Christus.

andere vorzeigen läßt; aber anders als die meisten Herrscher der Zeit mußte er seine Absichten vor dem schwedischen Reichstag begründen und konnte dessen Mitglieder, die auch Augen im Kopf hatten, durchaus überzeugen.

Der durch die Absetzung Wallensteins und den Schock des Restitutionsedikts sicherlich erleichterte Siegeszug des »Löwen aus Mitternacht«, der attraktivsten und klarsten Herrschergestalt des sonst so trüben Jahrhunderts, und sein triumphaler Empfang in Deutschland haben über Jahrhunderte die Gemüter so bewegt wie sein früher Soldatentod bei Lützen, der ihn »unvollendet« ließ, mit dem er aber immer gerechnet hatte. Erstaunlich, daß er anders als sein gewiß problematischerer Gegenspieler Wallenstein wohl Biographen gefunden hat, aber weder einen Schiller noch einen Golo Mann. Freilich wird kritisch bemerkt, erst der Eintritt Schwedens und – damit zusammenhängend – Frankreichs habe den Krieg internationalisiert und Deutschland so als Schlachtfeld fremder Interessen verwüstet. Doch glitt der Krieg allen Parteien gleichermaßen aus den Händen. Und ganz abgesehen davon, daß nationale Kategorien auf die Epoche kaum anwendbar sind: Daß zunächst nur ein Konflikt zwischen dem Kaiser und einigen Reichsständen vorliege, war nie mehr als diplomatische Fiktion. International war der Krieg von Anfang an durch die Einbeziehung Spaniens, der nur noch formal zum »Reich« zu rechnenden Niederlande und sogar Englands. Und so »deutsch« wie der Kaiser Ferdinand oder der Herzog von Friedland war Gustav Adolf noch allemal.

Zudem hat er ein klares und voll mit den Interessen der evangelischen Reichsstände übereinstimmendes Ziel: die Beseitigung der »raumfremden« kaiserlichen Macht an der Ostsee und die Wahrung der evangelischen Konfession und des evangelischen Besitzstandes zur Sicherung der – mit einem späteren Ausdruck – »Ruhe des Nordens«. Das bedeutet zumindest die Rückkehr zum *status quo ante* von 1618 in

Norddeutschland und zu dessen wie zu Schwedens Sicherung den schwedischen Besitz eines Stücks der deutschen Ostseekante, vorzugsweise in Pommern, um jedem Gegner den »Sprung über den Bach« zu erschweren. Das ist das Minimalprogramm, das jedenfalls erreicht werden soll. Ob und was sich daraus an weiteren Möglichkeiten ergibt, hängt von der Entwicklung und der *logique des choses* ab. In der Tat kann sich Gustav Adolf alsbald als »Haupt und Direktor der evangelischen Defensivverfassung« bezeichnen, »Oberherrlichkeit« in Anspruch, ein *Corpus evangelicorum*, einen festgefügten Bund der evangelischen Reichsstände unter schwedischer Führung in Aussicht nehmen. Ob man sich das mehr als norddeutsches »Gegenreich« oder als skandinavisches Großreich mit deutschen Besitzungen und der institutionellen Befugnis, in deutschen Dingen mitzureden, vorzustellen hat, ist fast eine Detailfrage – oder die Frage, ob das Glas halbvoll oder halbleer ist. In jedem Falle würden »Reich« und »Gegenreich« sich überschneiden, vorstellbar als Ellipse mit zwei Brennpunkten; würde Gustav Adolf zu einer Art »Gegenkönig«, wäre er auch als Träger der Kaiserkrone denkbar; das Haus Habsburg hatte keinen verbrieften Anspruch auf sie.

Das ist ein Gegenplan zu dem universalistischen »großen Plan« Wallensteins und des Hauses Habsburg, bodenständiger, weil er vom Ostseeraum ausgeht, nicht in ihn hineingreift, und realistischer, weil der Gedanke einer »Protestantischen Union« so neu nicht ist, sondern seit der Reformation immer wieder in Ansätzen versucht wird. Erinnern wir uns auch an den anderen Wasa, den polnischen König mit seiner nur bis zum embryonalen Stadium gelangten großen Reichsidee: Auch insoweit hat Gustav Adolfs Gegenplan mehr Hand und Fuß, weil seine imperiale Idee anders als die des Polen eine »protestantische« und damit dem Raum und der Zeit gemäß ist.

Daß es im Ergebnis bei der Minimallösung blieb, hing mit

dem Tode des Königs zusammen, dessen Charisma und Durchsetzungskraft nicht zu ersetzen waren, obwohl Kanzler Oxenstierna seine Gedanken mit Geschick und Begabung weiterverfolgte. Nicht zu verkennen ist freilich die in dem Gegenplan ohnehin liegende Ambivalenz. Es ist eine Sache, nicht das »Reich«, aber die kaiserliche Macht von der Ostsee zu vertreiben (genauer: sie zu hindern, sich dort festzusetzen), eine andere, an ihrer Stelle eine »Gegenmacht« zu etablieren. Die evangelischen Fürsten waren für das erste, aber nicht ohne weiteres für das zweite zu haben. Das galt ja auch für Wallensteins »großen Plan«, dessen Ausweitung der kaiserlichen Macht den anderen katholischen Mächten – im »Reich« vor allem Bayern – ebenfalls nicht paßte.

Bemerkenswerterweise erscheint im preußisch bestimmten kleindeutschen Geschichtsbild vor allem in dessen popularisierten Formen (das Urteil seiner Historiker, z.B. Droysens, ist differenzierter) etwa »für die reifere Jugend« Gustav Adolf durchweg als »positiver Held« und mitnichten als Fremder. Keine Borussomanie und kein Hohenzollernstolz nahm Anstoß daran, daß er als Vorläufer in Anspruch genommen wurde, oder verhüllte das Bedauern, daß es nicht schon 200 Jahre früher zu einer gleichartigen Entwicklung kam. Das Deutsche Reich von 1871 knüpfte gerade nicht an das »alte Reich« vor 1804, an habsburgischen oder mittelalterlichen Universalismus an, sondern sah sein konstituierendes Element im preußisch(norddeutsch)-österreichischen Dualismus und dessen Überwindung durch den vielleicht bedauerlichen, aber nötigen Verzicht Österreichs auf eine »deutsche« Rolle. Wenn wir dies von der Ostsee und ihrer Geschichte her betrachten, den Bogen von der Ostseemacht Preußen zur Ostseemacht Schweden zurückschlagen, dann verliert diese Entwicklung und überhaupt die preußische Geschichte ihre scheinbare Künstlichkeit, ist nicht mehr der Gewaltakt eines Herrn v. Bismarck, sondern die fast zwangsläufige, sicherlich nicht unlogische Folge einer *translatio imperii* im Ostseeraum.

Der Ostsee-Raum im 17. Jahrhundert

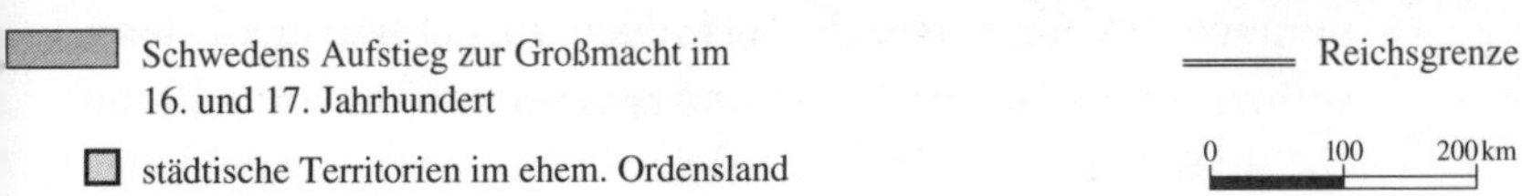

Trotz des im 19. Jahrhundert eingetretenen Paradigmenwechsels zur nationalen Einheit, zum Nationalstaat ist der Bezug zur Ostsee noch erkennbar, am Norddeutschen Bund, der insofern mehr als ein bloßer Vorläufer ist, deutlicher als beim Reich von 1871, das als Nationalstaat keinen Reichscharakter mehr gewinnen konnte. Im Krieg gegen Dänemark 1864 war er ja evident, mehr noch in seiner Folge, als dem an sich nicht navalistischen Bismarck der Kieler Hafen und die Option eines Nordostseekanals, also eines eigenen Ostseeausgangs so wichtig wurde, daß er Schleswig-Holstein nicht dem Herzog von Augustenburg, dessen Thronanspruch formal den Krieg ausgelöst hatte, überlassen mochte, sondern zur preußischen Provinz machte und die daraus entstehenden Querelen in Kauf nahm.[8] Dem Bismarckreich war noch geläufig, daß es eine »protestantische Großmacht« war; und dem – in historischen Zusammenhängen denkenden – Vatikan war es gleichfalls so bewußt, daß dieser es mit gebührendem Respekt behandelte, wie noch heute in den vatikanischen Gärten zu sehen ist, wo Bismarck als einzigem weltlichem Staatsmann ein Denkmal gesetzt wurde.

Translatio imperii. Man könnte von »gustavianischem Erbe« sprechen. Das Gefühl für diese Zusammenhänge geht in Deutschland durch die Erweiterung »südlich der Mainlinie«, vor allem aber in dem Maße verloren, in dem sein ökonomisches und damit auch politisches Schwergewicht sich nach Westen verlagert und damit von der Ostsee entfernt. Erst in diesem »verwestlichten« Deutschland, das kein »Reich«, sondern ein Nationalstaat ist und an das »alte« Reich vor 1804 auch keine Erinnerung mehr hat,[9] können sich »großdeutsche« und »alldeutsche« Ideen entwickeln, die sehr unpreußisch und gerade nicht die eines »Reiches« sind, während Preußen andererseits keineswegs ein Monopol auf »Militarismus« hat. Erst seitdem wird die Ostsee als bedeutungsloses Anhängsel, als bloße Seegrenze eines entfernten, fremden und »irgendwie« rückständigen »Ostelbien« und nicht als »Wiege des Reiches« betrachtet, eine Auffassung, die sich trotz völlig anderer politischer und gesellschaftlicher Umstände und Paradigmen im Verhältnis zu den sogenannten »neuen Ländern« geradezu rein erhalten hat. Wohl nichts hat die »alte Bundesrepublik« so beunruhigt wie Lothar de Maizières Prophezeiung, Deutschland werde östlicher und protestantischer werden; sie hat diesen Ausspruch schleunigst verdrängt und seinen Urheber ostraziert. Das wird aber nicht helfen.[10] Vielleicht ist es gerade diese Verdrängung, Verleugnung und Verteufelung der eigenen Ursprünge, die Deutschland immer wieder auf Abwege und zu ständiger, natürlich vergeblicher »Identitätssuche« und zu einer durch die nationale, europäische oder auch antifaschistische Phrase nur verdeckten Orientierungslosigkeit bringt. Diese Orientierungslosigkeit ist keine Folge, sondern eine der Ursachen des »Dritten Reiches«, das sie freilich noch verstärkt hat. Wer eine falsche Landkarte benutzt, wird seinen Weg nicht finden.

Zurück zu Schweden. Wenn es 1648 anerkanntermaßen als europäische Großmacht etabliert ist, ist schwer verständlich, daß Paul Kennedy es für die Zeit unmittelbar danach nur als »Regionalmacht« und »Macht 2. Ranges« qualifiziert. Wir brauchen darüber nicht zu streiten, weil es an der Ostsee zweifellos »Großmacht« ist. Freilich hat 1648 auch die Grenzen schwedischer Macht gezeigt. Aber anderen, von Kennedy unbezweifelten Großmächten wie Frankreich oder Habsburg war es ebensowenig gelungen, sich voll durchzusetzen. Es geht ja nicht um »Dominanz«; Pluralität der Mächte, auch der Großmächte, gehört zum Wesen eines kollegial verfaßten Staatensystems.

Hinc illae lacrimae – das Unglück war gerade, daß keine der Mächte stark genug war, ihre Schlachten bis zum endgültigen Erfolg »durchzuschlagen«; Gustav Adolf und Wallenstein, denen man das am ehesten zugetraut hätte, waren lange tot. So kam es zu einem jahrzehntelangen ebenso aufwendigen wie ertraglosen Gemetzel, zur bloßen Verwüstung – in gewisser Hinsicht und auch in den Gründen ähnlich den Materialschlachten des ersten Weltkrieges, nur einen größeren Raum umfassend. Ein Grund war die unvollkommene Beherrschung der Kunst, große Truppenmassen zu führen, rasch zu bewegen und zu versorgen. *Challenge and response*: Im folgenden Jahrhundert führte das zu der Lösung relativ kleiner, aber eisern disziplinierter Söldnerheere, die aus eigenen Depots versorgt wurden, und zu dem Ideal, Kriege so zu führen, daß Bürger oder Bauer von ihnen unbehelligt blieben. Das Ideal wurde nicht erreicht; aber das Brennen, Morden und Plündern wurde eher zur Ausnahme als zur Regel. Insofern hatte man »aus der Geschichte gelernt« – zu spät für das Deutschland des Westfälischen Friedens.

Richtig ist ferner, daß Schweden wie andere Ostseemächte ärmer war als die großen Kontinentalstaaten, über weniger Hilfsquellen verfügte, sich mehr anstrengen mußte. Immerhin gelang ihm in den folgenden Jahrzehnten, seine Position zu konsolidieren, Zugang zu den Ostseeausgängen zu gewinnen – im einzelnen gehört das nicht hierher. Denn um die Wende zum 18. Jahrhundert tritt ein ganz neuer Faktor auf: Rußland bleibt nicht länger vor der Tür, sondern tritt in die europäische Geschichte ein.

Auslöser war wiederum Polen, oder richtiger: Sachsen. Sachsen hatte sein Erstgeburtsrecht als führende evangelische Macht in Deutschland preisgegeben, war dafür aber reicher geblieben als die im Dreißigjährigen Krieg stärker involvierten Länder. Diese Abstinenz war dem an sich ärmeren Brandenburg zugute gekommen. Der ehrgeizige Kurfürst August der Starke wollte aufholen. Da bot sich die polnische Krone an.

Der Glanz der Krone der alten Großmacht Polen war freilich etwas anderes als der Flitter, den sich der brandenburgische Friedrich als »König in Preußen« mit vieler Mühe auf den Kopf setzte und der bestenfalls ein noch ungedeckter Wechsel auf die Zukunft war. Insofern stellte sich der Erwerb

Die Schlacht von Poltawa 1709 beendet die schwedische und begründet die russische, aber indirekt auch die preußische Großmachtstellung. Die für Ostseemächte wie Schweden oder Preußen typische ständige Überforderung macht ihre Geschichte stark von Zufällen abhängig: Die Kugel, die Karl XII. von Schweden schließlich traf, traf Friedrich den Großen eben nicht.

der polnischen Krone als Geniestreich, buchstäblich als »Königsweg« dar. Nur: Es war mehr Schein als Sein dabei; wie viele Barockfürsten legte August mehr Gewicht auf ersteren. Zu den polnischen Zuständen, dem *Polonia confusione regitur*, sei einstweilen nur gesagt, daß ihretwegen die Krone zwar buchstäblich zu »erwerben«, aber nicht viel mit ihr anzufangen war. Der Gedanke eines polnisch-sächsischen »Reiches«, an sich kaum weniger plausibel als der eines polnisch-schwedischen, war so nicht zu realisieren; im Ergebnis bürdete er Sachsen schwere Lasten auf, schließlich auch Polen selber, als Preußen im Siebenjährigen Krieg in Sachsen die polnische Münze in die Hand bekam und seinen Krieg durch Münzverschlechterung finanzierte.

Zunächst aber: Um sich beliebt zu machen, berühmt zu

werden, warum auch immer, beschloß August der Starke quasi aus heiterem Himmel, das an Schweden verlorene Livland für Polen zurückzugewinnen, und versuchte, Riga zu nehmen – nur mit sächsischen Truppen, polnische stellte der Sejm, der dies als Privatsache seines Königs ansah, nicht zur Verfügung. Das Vorhaben mißlang gründlich; der junge Schwedenkönig Karl XII. griff sofort ein, brachte nebenbei einem russischen Heer bei Narwa eine schlimme Niederlage bei, zwang den alten Gegner Dänemark, aus diesem Krieg auszuscheiden, besetzte Polen und setzte August den Starken als König kurzerhand ab. Dann aber wandte er sich in die Ukraine, wo die Russen bei Poltawa seine Armee vernichteten, kehrte unter abenteuerlichen Umständen nach Schweden zurück und fiel bald bei einem unbedeutenden Scharmützel in Norwegen. Im anschließenden Frieden von Nystad 1720, der diesen großen »Nordischen Krieg« beendete, verlor Schweden seine »Ostseeprovinzen« an Rußland und mit der Gegenküste seine Großmachtstellung (anders als in den meisten Fällen *not with a whimper, but a bang*), obwohl es sich in Finnland und Teilen Pommerns noch etwa ein Jahrhundert hielt und formal bis zum Wiener Kongreß zu den Großmächten zählte. Soweit kurz der bekannte Ablauf einer dramatischen Wende und das Schicksal eines schnell aufsteigenden und bald verglühenden neuen Sterns, dessen politischer Verstand nicht seinem militärischen Genie entsprach, mehr Abenteurer als Staatsmann – so die wohl allgemeine Ansicht. Aber Vorsicht: Hätte es Friedrich dem Großen, der Karl XII. so bewunderte, nicht ebenso ergehen können, und was würde man dann über ihn sagen? Geht es hier nicht doch um das klassische Großmachtproblem der *overextension*? Hätte die Lösung der Aufgabe gelingen können, wenn Karl bei Poltawa gesiegt oder wenn er eine andere Strategie gewählt hätte?

Wir wissen das nicht. Als Fehler ist Karl XII. angerechnet worden, daß er Polen und nicht Rußland als Hauptfeind betrachtete. Das mag sein, aber es entsprach den Lehren der

Vergangenheit: Zuvor war Polen eine Großmacht, Moskau dagegen nur lästig, aber in Schach zu halten. Es war nicht die Idee eines Narren, die baltischen Provinzen nicht an ihrer breiten, aber wenig tiefen Front zu verteidigen, sondern den Gegner aus der Hinterhand, aus der Weite des von Rußland noch keineswegs »befriedeten« Raumes zu packen und dort vielleicht Verbündete zu finden. Vermutlich unterschätzte er die logistischen Probleme (die an der Ostsee mit Hilfe der Flotte leichter lösbar gewesen wären, worauf der ganz und gar nicht navalistische Friedrich der Große kritisch hinweist) und die mangelnde Anwendbarkeit der Maxime, daß »der Krieg den Krieg ernähren«, die Truppe sich örtlich versorgen müsse. Aber Schweden war nach Polen erst die zweite europäische Macht, die mit der Weite des russischen Raumes ihre Erfahrungen machte. Und es war die erste, die mit den Reformen Peters des Großen, dem von ihm bewirkten »preußischen« oder »schwedischen« gewaltigen Modernisierungsschub und seiner neuen Armee konfrontiert wurde.

Von nun an ist auch Rußland eine große Ostseemacht. Und es benimmt sich so, es verhält sich geradezu vorbildlich so, wie es ein »Reich« dort soll: Die *translatio imperii* vollzieht sich fast reibungslos und ohne Bruch, baltische Provinzen und später das »Großfürstentum« Finnland behalten zu ihrem, aber auch zu des neuen »Reiches« Vorteil ihren Status und ihre Privilegien.

Die schwedische Zeit ist im Baltikum in guter Erinnerung geblieben; vor allem in Estland genießt Gustav Adolf noch heute Ansehen. Doch gerade die zuvor gefürchtete russische Herrschaft gewährte ihren »baltischen Provinzen«, praktisch: deren Ritterschaft, also einer Adelsrepublik, eine Autonomie, die die zentralistischere (und wohl auch effektivere) schwedische Regierung teils wegen ihrer Finanznöte, aber auch aus »landesväterlicher Fürsorge« für die unteren Schichten nie eingeräumt hätte. Diese ständische Enklave in einem absolutistischen Reich hatte einen von Peter dem Großen durchaus gewollten Sinn, ähnlich dem der in Petersburg geöffneten »Tür zum Westen«: Wie das »Burgenland« in Ernst Jüngers Roman »Heliopolis« lieferte sie Rußland einen ständigen Strom loyaler Administratoren, Diplomaten und Feldherren; während die Enklave selber zunehmend zum Anachronismus wurde, bewirkte sie in Rußland Modernisierungsschübe, gab Rußland ein »europäisches« Gesicht. Diese eigentümliche Symbiose wurde im späten 19. Jahrhundert durch die aufkommenden Nationalismen erodiert, hielt aber doch bis 1914. Die deutschbaltische Loyalität galt dem Zaren, nicht dem russischen Volk; sie ließ sich nicht wie beim Adel anderer Staaten vom »Monarchen« auf die »Nation« übertragen. Aber daß die »baltischen Barone« in ihrer feudalistischen Haltung und im Grunde anachronistisch allen Russifizierungsversuchen im wesentlichen widerstanden, bildete auch den Schutzschirm, hinter dem sich estnische und lettische Nationalität entfalten konnte – wie viel oder wenig diese »Barone« sonst dafür getan haben mochten.

An der *translatio imperii* nahm indessen noch eine andere Macht quasi akzessorisch teil, nämlich Preußen, obwohl es am Nordischen Krieg nur marginal mitgewirkt hatte. Wenn der Beginn der preußischen Großmachtstellung ebenfalls auf das Schlachtfeld von Poltawa zurückzuführen ist, nämlich *by default*, durch den Wegfall des schwedischen Vorgängers, dann ist es richtig, Preußen erst an zweiter Stelle zu nennen; Rußland hat seine Position selbst erworben und ist überdies der bei weitem größere Staat, wenn auch nicht gerade an der Ostsee. Preußen »erbt« von der »imperialen Verfügungsmasse« auch weniger, nicht die das Statussymbol der *translatio* darstellenden baltischen Provinzen, aber immerhin Teile von Pommern, auf das Gustav Adolf so großen Wert gelegt hatte.

Wir sehen also eine »Osterweiterung« des Ostseeraumes,eben durch Rußland, und im gesamten Raum damit zwei Nachfolgemächte Schwedens, zwei führende Mächte, die sich miteinander zu arrangieren haben. Das ist ein gewaltiger Paradigmenwechsel.

Der lange Schatten Rußlands

Die Öffnung der »russischen Tür zum Westen« an der Ostsee war ein weltgeschichtlicher Vorgang ersten Ranges. Und seit Preußen wirklich »Preußen« wurde, mußte es sich mehr als andere Mächte mit diesem Vorgang auseinandersetzen. Zwar machte den eurasischen Koloß für diesen Raum halbwegs erträglich, daß er sein erdrückendes Gewicht nicht an der Ostsee konzentrieren konnte, sondern eigentlich einen eigenen Raum bildete, jedenfalls in ganz andere Räume hineinragte und noch ganz andere Fronten hatte, vom Schwarzen Meer und vom Kaukasus bis Wladiwostok. Trotzdem warf Rußland einen sehr langen Schatten über Preußen. Für Preußen war das eine mit seinem schwedischen Erbe übernommene Hypothek – die Hypothek von Poltawa.

An sich hatte Preußen andere Sorgen. Für das friderizianische Preußen gehörte wie zuvor für Schweden eine als »Antagonismus« überzeichnete, aber doch deutliche Spitze gegen das Haus Habsburg zur *ratio imperii*, gleichsam als eine mit der *translatio imperii* übernommene Konstante (während noch für den Vater Friedrichs des Großen politische Maxime eher die »Reichs«- und »Kaisertreue« war). Nun konnte das 18. Jahrhundert mit Begriffen wie »Erbfeindschaft« nichts anfangen; ein direkter Ostseebezug wie bei Gustav Adolf war nicht mehr gegeben, und von Dualismus kann zunächst nur insofern die Rede sein, als Preußen im »Reich« nicht allein Reichsstand, sondern europäische Macht war. Dennoch weist der Siebenjährige Krieg eine bemerkenswerte Parallele der Rolle Preußens zu der Schwedens im Dreißigjährigen auf. Wesentliches Ergebnis war für Preußen wie zuvor für Schweden seine Etablierung als Großmacht, nunmehr aus eigener Kraft; weltpolitisch bedeutsamer war jedoch, was

Gustav Adolf begonnen hatte und Preußens Friedrich in durchaus »gustavianischer« Weise fortsetzte, weil auch für ihn »alle Kriege, die in Europa geführt werden, miteinander vermischt und zu einem einzigen geworden sind«: Hatte jener ein habsburgisch-spanisches Imperium an der Ostsee vereitelt und damit den britischen Aufstieg ermöglicht, so sorgte dieser dafür, daß Nordamerika angelsächsisch-protestantisch und nicht französisch-katholisch dominiert wurde, was zuvor keineswegs feststand. Britischen wie französischen Staatsmännern war deutlich, daß Kanada nicht zuletzt bei Roßbach und bei Leuthen erobert wurde.[11] Auch eine Art *translatio*, des Säens dort, wo man nicht erntet. Noch der vom späten Friedrich gegründete »Deutsche Fürstenbund« hat »gustavianische« Züge, kurzlebig wie dessen »Evangelisches Defensionswerk«.

Preußen geriet jedoch in große Bedrängnis durch die russische Teilnahme am Siebenjährigen Krieg, in Ostpreußen, der Neumark und bis nach Berlin; die »Russenschlachten« waren die schwersten, die Friedrich zu bestehen hatte. Niemand half ihm dabei. Auch die »Wende« kam durch das »Mirakel des Hauses Brandenburg«, den »Tod der Zarin«, der Rußland, wenn nicht wie zunächst zum Verbündeten, so wenigstens zum Neutralen machte. Preußen vergaß diese Lektion nicht. Anders als das Schweden Karls XII. erfuhr es noch rechtzeitig, daß es Rußland mit Vorsicht zu behandeln hatte.

Preußen wollte seitdem Rußland nicht unbedingt als Verbündeten, aber möglichst nicht mehr zum Gegner haben.[12] Es entzog sich gern antirussischen Koalitionen, so zum Ärger der anderen Alliierten auf dem Wiener Kongreß, aber auch in den russisch-türkischen Kriegen des 19. Jahrhunderts. Preußen wäre ja die östliche Speerspitze einer antirussischen Koalition gewesen und hätte als schwächste aller Großmächte deren ganze Last zu tragen gehabt. Als es mit Napoleon gegen Rußland marschieren mußte, wurde die das *renverse-*

Die erste Stadtansicht Sankt Petersburgs (Holzschnitt des 18. Jahrhunderts) wirkt geradezu wildwestlich und wirft die Frage auf, warum jemand in diese Einöde eine Stadt setzen will – eine Frage, auf die Peter der Große eine Antwort wußte. Wie der Wilde Westen jedoch zog Petersburg Abenteurer aller Länder an. Nicht zuletzt ein Verdienst des baltischen Adels war es, hier regulierend für Kontinuität zu sorgen und gewissermaßen ein Rückgrat einzuziehen.

ment des coalitions einleitende Konvention von Tauroggen geradezu zum Symbol einer allerdings etwas mißverständlichen »deutsch-russischen Freundschaft«.

Auch wenn sich Preußen durchaus als »östliche« (also Ostsee-)Macht fühlte, ging es weder um eine prinzipielle Ostorientierung noch um eine Mittlerrolle. Es ging Preußen darum, um fast jeden Preis die Wiederholung einer existenzbedrohenden Situation wie im Siebenjährigen Krieg zu verhindern, als Rußland sich mit Frankreich (und Österreich) gegen Preußen verbündet hatte. Daß das wilhelminische Deutschland neben anderen preußischen Elementarien diese eherne Regel vergaß, Bismarcks *cauchemar des coalitions* geradezu heraufbeschwor, ist ihm mit Recht vorgehalten worden. Dieser fatale Orientierungsverlust offenbarte, unter anderem, einen Verlust an »Ostseeblick«.

Preußen trug es trotzdem in der ersten Hälfte des vorigen Jahrhunderts den Ruf ein, ein Vasall Rußlands zu sein; Bismarck selbst hat sich in diesem Sinn geäußert.[13] Der Mythos der »traditionellen deutsch-russischen Freundschaft« greift auf die Freiheitskriege 1813-1815 zurück, die, alle »Waffenbrüderschaft« in Ehren, keineswegs eine rein preußisch-russische Veranstaltung waren. Dostojewski befand zwar: »Die Abhängigkeit vom Bündnis mit Rußland ist anscheinend die fatale Bestimmung Deutschlands«, wobei ihm nicht Seelenfreundschaft vorschwebte, sondern eine gemeinsame »Erbfeindschaft« gegen Frankreich (und merkwürdigerweise den Papst, was dessen Rolle selbst während des Kulturkampfs, gelinde gesagt, überzeichnet). Er erfaßte jedoch nicht recht den Punkt, daß Preußen/Deutschland die feste Bindung an Rußland als *societas leonina* scheute und es nur nicht als Gegner wollte. Doch zur tödlichen Gefahr wurde die Pranke des russischen Bären dann, wenn es zum russisch-französischen Bündnis, zur »Einkreisung« kam, so daß es zum A und O preußisch-deutscher Staatskunst wurde, dies zu verhindern, wobei Rußland einziger Ansatzpunkt blieb, wenn die französische Gegnerschaft als Konstante angesehen wurde. (Ob dieser gordische Knoten anders zu lösen gewesen wäre, ist nicht unser Thema.) In diesem Verhältnis ist also Frankreich das eigentliche *Agens*, der Faktor, um den sich alles dreht – also wieder »Westpolitik«.

Auch nach dem ersten Weltkrieg besiegelte der Vertrag von Rapallo keine »deutsch-sowjetische Freundschaft«; dafür waren die Differenzen schon wegen kommunistischer »Umtriebe« zu groß. Den Ostrazierten von 1919 ging es darum, ein Gegengewicht gegen die Siegermächte von Versailles zu schaffen, auf deutscher Seite vornehmlich gegen das anscheinend unversöhnliche Frankreich und dessen willigen polnischen Verbündeten, das zum Zwecke der »Umzingelung« an die Stelle Rußlands trat und nun seinerseits »umzingelt« wurde. Auch war zu zeigen, daß mit Deutschland und Rußland noch zu rechnen war. Man kann streiten, ob das so zweckmäßig war; auf deutscher Seite ging es jedenfalls nicht um eine Fortsetzung der »Ideen von 1914«, um Abneigung gegen den Westen, sondern um die Annahme, daß Deutschland dort einstweilen nichts zu erwarten hätte.

Noch hinsichtlich der »neuen Ostpolitik« der Regierung Brandt/Scheel wird verkannt, wie sehr es sich um »Westpolitik« handelte, um einer Isolierung im *westlichen* Bündnis zuvorzukommen, wo die rigide deutsche Haltung zunehmend als die eines Störenfrieds galt, während gleichzeitig die Amerikaner mit Henry Kissinger gut bismarckisch befanden, wenn schon »Entspannung« sein solle, dann wollten sie sie machen – so und so bestand die akute Gefahr von Entscheidungen nicht *mit*, sondern *über* Deutschland, die mindestens den »Ostverträgen« entsprochen hätten, ohne für die bundesdeutsche Politik valorisiert werden zu können. Die Ergebnisse dieser neuen Ostpolitik waren vor allem die wieder gefestigte deutsche Stellung im Bündnis und im »Osten«, nicht die zunächst zähflüssigen Effekte von Entspannung oder Aussöhnung, sondern die Umwandlung der als sowjetisches Instrument zunehmend unabweisbar scheinenden »Europäischen Sicherheitskonferenz« in die Helsinki-Konferenzen als immer mehr zugunsten des »Westens« wirkenden Prozeß. Das war eine staatsmännische Leistung von in Deutschland nicht eben häufiger Eleganz. Hier aber soll nur gezeigt werden, daß nicht grundsätzliche Optionen zwischen »Ost« und »West« zur Debatte standen, sondern funktionale Zusammenhänge.

Über fast zwei Jahrhunderte dominiert wurde das preußisch-russische Verhältnis aus simplen geographischen Gründen durch beider Blick auf Polen als gemeinsame »Mitte«. Insofern ist seine Geschichte auch die der polnischen Teilungen. Nicht, daß Preußen eine gemeinsame Grenze mit Rußland für besonders erstrebenswert gehalten hätte; das preußische Erlebnis der russischen Gefahr sollte einen solchen Gedanken eigentlich ausschließen. Brandenburg war mit Polen als Nachbar so schlecht nicht ausgekommen; wenn Friedrich der Große die polnischen Zustände in Grund und

Boden kritisierte, ließe sich gerade aus der Heftigkeit seiner Worte die Enttäuschung herauslesen, daß Polen als Partner nicht in Betracht kam. In diesem Zusammenhang ist von einem gewissen Interesse, daß um 1790, unmittelbar vor der zweiten Teilung Polens, sich nach langer Pause vorübergehend eine polnisch-preußische *Entente* anbahnte, also in dem Augenblick, in dem Polen unter dem Schock der ersten Teilung von 1772 Zeichen staatlicher Konsolidierung und Reformierbarkeit zeigte und wieder bündnisfähig zu werden schien. Genau diese Zeichen aber veranlaßten Rußland zum Eingreifen, und das machte diese *Entente* für Preußen wieder zu riskant.

Machtlosigkeit der Wahlkönige, Bündnis- wie Reformunfähigkeit und weitgehende »Entmilitarisierung« des Staates, *liberum veto* und »außerparlamentarische Opposition« durch bewaffnete Aufstände waren im 18. Jahrhundert zur polnischen Staatsmaxime geworden; die Anarchie galt als Bestandsgarantie für Polen, weil niemand von ihm etwas zu befürchten habe. Das war die auch in Demokratien bekannte Situation, in der schwache Regierungen so viel Mühe haben, sich an der Regierung zu halten, daß sie keine Kraft finden, auch zu »regieren«. In ruhigen Zeiten mag das nicht das Schlechteste sein; die Regierung tut nichts, also auch nichts Unsinniges, und die Bürger bleiben vor Zumutungen bewahrt. So hat die »Sachsenzeit« und die nachfolgende Epoche Poniatowski Polen einige freundlichere Perioden beschert, deren steinerne Zeugen noch zu sehen sind.

Aber Anarchie und Wehrlosigkeit als Staatsgrundprinzip machten Polen zum bloßen Objekt. Es rächte sich nun vollends, daß sich Polen dem gesamten Ostseeraum entfremdet hatte, praktisch aus ihm herausgetreten war; das war weder durch die Sachsenkönige auszugleichen noch durch die *French Connection*, die Polen gelegentlich zum Instrument französischer Interessen machte, ohne daß es im »Ernstfall« wirksame Hilfe erwarten konnte – eine sich im 20. Jahrhundert wiederholende Konstellation.[14]

Polen geriet seit Poltawa in den Sog Rußlands, wurde zum Schulfall eines »informellen Imperialismus«: Seine Könige bedurften russischer Billigung, russische Truppen benutzten das Land ungeniert für ihre Durchmärsche; in dem als letzter Teil des Baltikums bis 1795 formal von Polen abhängigen Kurland setzte Rußland nach Belieben Herzöge ein und ab und verbannte sie auch schon mal nach Sibirien. Es fragt sich, ob Rußland mit den polnischen Teilungen nicht einen schlechten Tausch machte ähnlich dem – nach Paul Kennedy – Großbritanniens auf der Kongokonferenz 1884, als es die »informelle Herrschaft« über ganz Afrika aufgab, um »direkte Herrschaft« über nur einen, wenn auch gewichtigen Teil zu erlangen. Doch der »informelle Imperialismus« funktionierte nur so lange, wie das *Polonia confusione regitur* galt.

Die »Konföderation von Bar«, die zum Auslöser der ersten polnischen Teilung wurde, ist mit ihrem doppelten Anliegen – den russischen Einfluß zu beseitigen, die »alten Freiheiten« aber, also die Anarchie der Adelsrepublik zu erhalten – daher ihrerseits ein Schulfall, wie wenig sich solche Gremien, vielleicht ganze Nationen der Grundbedingungen ihrer Existenz und ihrer eigenen Organisation oft bewußt sind und sie aufs Spiel setzen, weil die Forderungen zwar unvereinbar sind, aber wohlklingen (»Löhne rauf – Preise runter!«). Denn das »Russen raus!« war nur mit Hilfe eines von Grund auf reformierten Staates, eines so gewaltigen Modernisierungsschubs zu erreichen, daß er die Gefahr direkten russischen Eingreifens heraufbeschwor, während andererseits ein direkter Zusammenhang zwischen russischer Oberaufsicht und polnischer Anarchie bestand.

Die Rolle, die Preußen hierbei spielte, wird in der Regel überschätzt, so auch von Karl Marx, der an sich dem Gedanken der Reichsnachfolge, der *translatio imperii*, recht nahe kommt.[15] Es ging nie um ein russisch-preußisches Co-Dominium, in dem Preußen allenfalls ein »Juniorpartner« gewesen wäre. In der polnischen »Adelsrepublik« gab es eine starke »russische« Partei, eine »preußische« aber nur in gelegentlichen Ansätzen, die selten – etwa in der erwähnten kurzlebigen *Entente* – Gegenliebe fanden. Preußen konzentrierte sich ähnlich wie Österreich auf ein bescheidenes Mitspracherecht, vor allem aber im Blick auf Rußland und die Erfahrungen aus dem Siebenjährigen Krieg, auf sein direktes Interesse an einer Landverbindung mit Ostpreußen und der Sicherung und Arrondierung seines Territoriums. War das von der Republik Polen, etwa im Wege der »Wahlkapitulationen«, zu erreichen, gut; im Falle einer Teilung Polens, wie sie Preußens Friedrich schon in seinem »Politischen Testament« von 1752 für möglich hielt, wurde es um so dringlicher.

Die erste polnische Teilung von 1772 war eigentlich keine, sondern lediglich eine Reduzierung polnischen Territoriums nach durchaus »vergleichbarem« Muster und würde kaum so bezeichnet werden, wenn die weiteren Teilungen nicht gefolgt wären. Bemerkenswert ist an dem Vorgang vor allem, daß es weniger um Polen ging als um das europäische Gleichgewicht, das beim Machtzuwachs eines Staates »Kompensationen« für andere erforderte – Polen als bloßes Objekt. Polen blieb aber als ein zumindest territorial großer Staat bestehen. Speziell der preußische Erwerb Westpreußens läßt sich als Spätfolge der *translatio imperii* sehen, als Nachbesserung des Friedens von Oliva 1660: Damals hatte Schweden das lange von ihm besetzte »königliche« Preußen – ungern – herausgegeben; nun wurde es, von der »Adelsnation« mehr und mehr als Fremdkörper und bloßes Nebenland behandelt, wieder Teil der »imperialen Verfügungsmasse«, damit der »König in Preußen« zum »König von Preußen« werden konnte. Historische Berechtigung läßt sich dem nicht ganz absprechen; noch in neuester Zeit wurde in Osteuropa und auch auf polnischer Seite dort, wo »ethnische« Grenzen nicht zu ziehen sind oder nicht behagen, gern der Begriff der »historischen« Grenzen aufgegriffen, hier eben im Hinblick auf den alten Ordensstaat.

Ähnliches läßt sich hinsichtlich der zweiten und dritten Teilung Polens nicht behaupten. Selbst wenn dort kompensatorisches Gleichgewichtsdenken noch eine Rolle spielte: Der Vorgang bezeichnet die Krise des alteuropäischen Staatensystems, war gerade nach dessen Maßstäben ungeheuerlich. Diese Maßstäbe waren natürlich keine »nationalen« und recht flexibel. Daß ein Staat an eine andere Dynastie oder in eine Personalunion gerät, territorial gerupft, gar in Abhängigkeit gebracht wird – das war zulässig, systemimmanent. Aber einen »historischen« Staat einfach aufzuteilen und auszulöschen, das hatte es noch nicht gegeben und stellte das ganze System in Frage. Die besondere Tragik liegt darin, daß die alte Prophezeiung des Königs Johann Kasimir sich erfüllte, als und weil dieser ruinierte Staat sich aus seiner Ohnmacht aufraffte und nach Kräften zu wehren suchte – zu spät.

Erstaunlich, mit welcher Beiläufigkeit sich dieser unerhörte Vorgang vollzog, wie der Aufschrei ausblieb, auf den Polen hoffte. Europa hatte gerade andere Sorgen und war durch Französische Revolution und Revolutionskriege präokkupiert – auch heute hängt es von Zufall oder Mode ab, auf was Medien oder öffentliche Meinung ihren Scheinwerfer richten. Die Revolutionskriege sorgten indessen auch dafür, daß das »Europäische Konzert« versagte, weil Frankreich aus ihm ausgeschert war, das diesen »kompensatorischen« Vorgang noch am ehesten zu stören in der Lage gewesen wäre.

Preußen war auch hier nicht die treibende Kraft, machte sich aber, in einer wenig instinktsicheren Phase seiner Existenz befindlich, zum Komplizen und eignete sich zwar nicht den größten, aber (anders als Österreich) einen größeren Teil der Beute an als ihm guttat. Wie wollte es je das notorisch unruhige Warschau »verdauen«?

Auf dem Wiener Kongreß war Preußen bereits bescheidener, interessiert mehr am Erwerb von Sachsen, dessen König als Anhänger Napoleons (der ihn zum »Großherzog von Warschau« gemacht hatte) ebenso wie seine Länder zur Disposition standen. Hinsichtlich Polens legte Preußen nur Wert auf das frühere Polnisch-Preußen[16] und einen strategisch akzeptablen Grenzverlauf. Bei dem Wiener Versuch einer Neuordnung der europäischen Angelegenheiten und der Rekonstituierung des Europäischen Konzerts ist hinsichtlich der »polnischen Frage« allgemein mehr Besinnung und so etwas wie schlechtes Gewissen und Bedürfnis nach Wiedergutmachung zu spüren. Das ging nicht so weit, den *status quo ante* von oder gar vor 1772 herzustellen; das wäre schon am Zaren gescheitert, der befand, er habe schließlich Polen erobert, das quasinapoleonische Regime des Großherzogtums Warschau beseitigt und könne nach Gutdünken darüber verfügen. Doch es war dieser Zar Alexander, der wenigstens im reduzierten Umfang des nachmaligen »Kongreßpolen« ein Königreich Polen neu errichten wollte, das eine liberale Verfassung erhalten und mit Rußland nur durch Personalunion verbunden sein sollte. Ihm werden unklare romantische Sentiments als Beweggrund nachgesagt; aber war das *so* unvernünftig? Wurde dadurch nicht dem polnischen Bedürfnis nach Modernisierung und dem russischen, Polen als Glacis zu behalten, noch am ehesten als *concordantia oppositorum* Rechnung getragen? Und war dies nicht wieder eine »Reichs«regelung, Folge der *translatio imperii*, wie sie sich an der Ostsee, im benachbarten Baltikum und in Finnland bewährte?

Merkwürdig war eher, daß Metternichs Bedenken sich weniger auf die territoriale Erweiterung des russischen Imperiums bezogen als auf die Attraktivität, die sogar ein solcher polnischer Staat für die polnischen Untertanen der anderen »Teilungsmächte« haben könnte. Der Preuße Hardenberg teilte diese Sorge nicht; er sah eher und nicht ungern die Schwierigkeiten voraus, die Rußland mit diesem Besitz haben würde. Henry Kissinger überschätzt wohl in *»A World resolved«*, dem Werk, das seinen akademischen Ruf begründe-

Der Ostsee-Raum nach dem Polnischen Teilungen

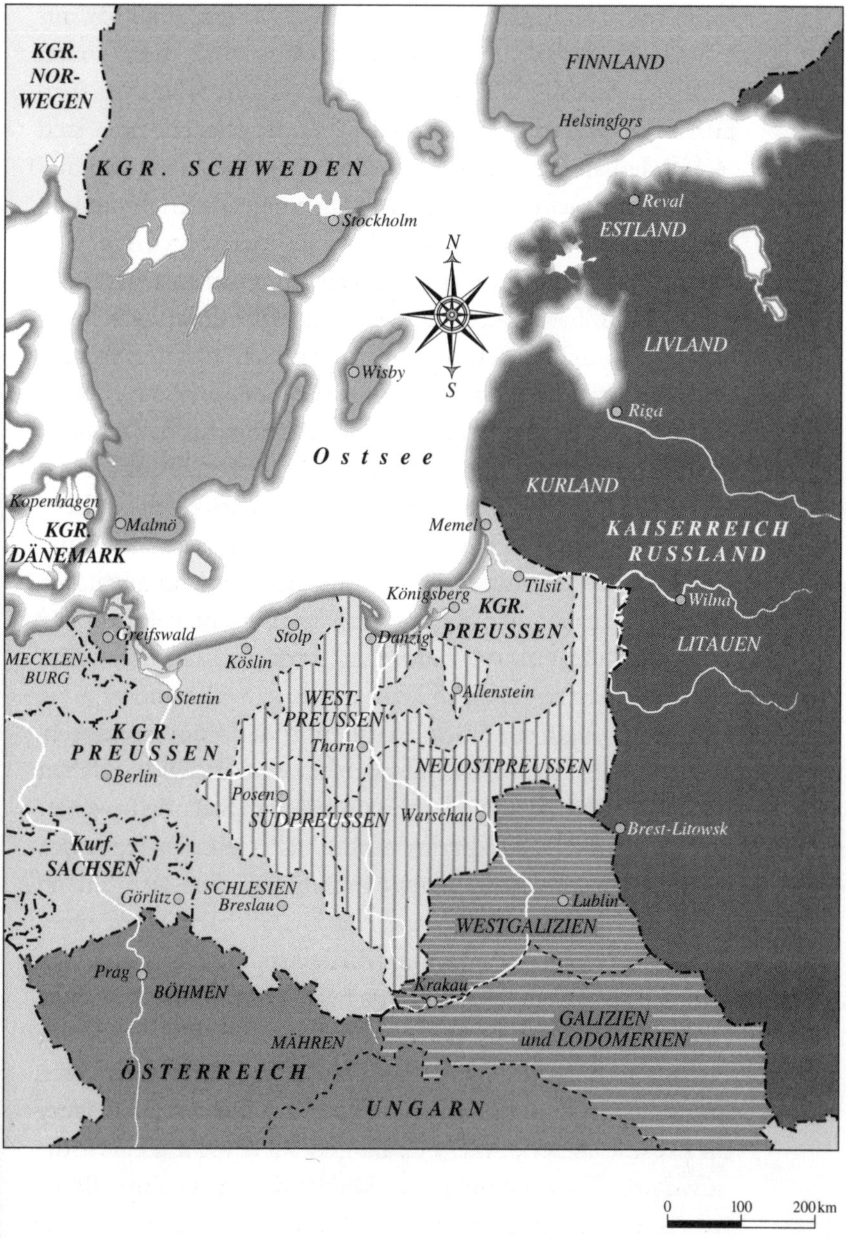

te, den Einfluß, den der britische Außenminister Castlereagh hier hatte, der auf eine vage polenfreundliche liberale Öffentlichkeit Rücksicht nehmen, aber es letztlich bei bloßen Gesten belassen mußte, die nur den Anschein solchen Einflusses erweckten – *ut aliquid fieri videatur.* Das hat sich nach 1945 wiederholt. In der Sache blieb es dabei, daß die »Teilungsmächte« die Sache unter sich regelten. Und das lag allerdings an Preußen. Metternich wäre schweren Herzens sogar bereit gewesen, ganz Sachsen den preußischen Ambitionen zu opfern, wenn er dafür eine feste preußisch-österreichische »Achse« hätte erhalten können. Doch selbst für den ersehnten Preis Sachsens war Preußen nicht bereit, eine antirussische Koalition einzugehen. Wenn es heißt, Preußens Friedrich Wilhelm III. habe um seiner Freundschaft mit Alexander willen seine eigenen Diplomaten desavouiert, wird diesem unterschätzten König eine Sentimentalität und Beeinflußbarkeit unterstellt, die er *in politicis* gerade nicht hatte; was er hatte, war ein zu den »preußischen Tugenden« gehörender Instinkt, der zwischen Erreichbarem und Wünschenswertem zu unterscheiden wußte.

Faktisch bedeutete das: Preußen erhielt zwar erwünschten Zuwachs und Abrundung durch sächsisches Gebiet (Dem Gedächtnis ist ja entschwunden, daß Sachsen bis Jüterbog in der Nähe von Berlin reichte.) Die »Reichsidee« einer preußisch-sächsischen »Doppelmonarchie« ließ sich jedoch nicht verwirklichen, während ein an sich denkbares preußisch-polnisches »Reich« mit Rücksicht auf Rußland ausschied. Auf solche Anregungen war Preußen nicht einmal eingegangen, als seine territorialen Erwerbungen nach der zweiten und dritten polnischen Teilung sie nahelegten; was ihm jetzt an genuin polnischem Gebiet zufiel, war, wie Martin Broszat bemerkt, nicht umfangreich genug, um eine föderative preußisch-polnische Struktur auch nur als Zukunftsvision zu ermöglichen.

Statt dessen mußte Preußen, das sich mehr als »Reich im

Osten«, faktisch: »Reich an der Ostsee« gesehen hatte, nach dem Willen des Kongresses als Sperriegel gegen Frankreich die »Wacht am Rhein« und dort mehr Territorium übernehmen, als seinen Traditionen und Intentionen entsprach – ihm wäre sogar lieber gewesen, den bisherigen König von Sachsen dort zu sehen. Damit wuchs ihm unwiderruflich eine »deutsche Mission« zu, gegen die sein Herrscher erhebliche Vorbehalte hatte; es konnte nicht ausbleiben, daß deutsches Nationalgefühl, das sich in der Auseinandersetzung mit Frankreich entwickelte, sich zunehmend an Preußen festmachte.

Oft wird von einem west-östlichen Kulturgefälle gesprochen. Soweit es sich nicht um quasi normale Vorurteile gegen den Nachbarn handelt, die Adenauer »Sibirien« an der Elbe beginnen ließen, ist dabei auch optische Täuschung im Spiel, wie sie das Polenbild des ostelbischen Junkers durch den Saisonarbeiter bestimmte, der für seine Nation so typisch oder so untypisch ist wie der anatolische Gemüsehändler in Kreuzberg. Dieser Landarbeiter ist jedoch zugleich Vorbote einer an sich gegenläufigen Bewegung, einer im Gegensatz zur Behauptung deutschen »Drangs nach Osten« stehenden ständigen Verschiebung nach Westen. Schon der russische Zugriff auf die Ostsee war, gerade auch im russischen Selbstverständnis, eine Öffnung zum »Westen«; und im Grunde ist diese preußische »Westerweiterung« eine ebenso direkte Folge dieses Vorgangs wie die nach 1945 entstandene neue polnische »Westgrenze«.

In der Sache entstanden gemäß einem Kongreßbeschluß, der in vager Form den Polen Berücksichtigung als eigene Nation versprach, drei oder, wenn man das vorübergehend zur »Freien Stadt« erklärte Krakau einrechnet, sogar vier »polnische« Staaten: das mit Rußland verbundene »Kongreßpolen«, das österreichische »Königreich Galizien und Lodomerien« und das preußische »Großherzogtum Posen«, das den polnischen Adler im Wappen führte und, immerhin doch eine Art »Reichs«lösung, einen anderen, auf die polnische Bevölkerung Rücksicht nehmenden Status hatte als die übrigen preußischen Provinzen. Noch Bismarck sah, ganz ostelbischer Landjunker, nicht ein, wieso ein Pole als Pole nicht ebenso loyaler Preuße sein könne wie ein Kaschube oder Masure, oder wie ein baltischer Baron treuer Untertan seines Zaren.

Am erfolgreichsten bei der Integration seines Besitzes wurde Österreich. Das lag an der größeren Liberalität des als Vielvölkerstaat angelegten habsburgischen Reiches, hatte aber wohl auch mit der für Polen eigentlich fatalen polnischen Affinität zum Donauraum zu tun, die die habsburgische Herrschaft, die im Unterschied zu den anderen Teilungsmächten »ihre« Polen sogar privilegierte und noch im Polen von 1919 für bedeutende Positionen qualifizierte, weniger fremd erscheinen ließ. Der »Austroslawismus« wurde zur ernsten Bedrohung des »Panslawismus«, was bekanntlich 1914 zu den Schüssen von Sarajevo führte. Aber überhaupt höhlte der im 19. Jahrhundert einsetzende Nationalismus diese wie andere »Reichs«lösungen, die er ja nicht verstand, zunehmend aus und machte aus ihnen konkurrierende und miteinander unverträgliche nationale Probleme.

Die »kongreßpolnische« Lösung fand der polnische Adel, wieder einmal in Verkennung seiner Existenzgrundlagen, schon 1830 unzureichend; seine damalige Niederlage und weitere Aufstände führten zunächst dazu, daß die vergleichsweise fortschrittliche Regelung des Wiener Kongresses, die Sonderstellung Polens im russischen Reichsverband, immer mehr aufgehoben und durch eine aktive Russifizierungspolitik ersetzt wurde, quasi gemildert durch Panslawismus.

Aber insgesamt war aus dem, was für Österreich und Preußen eigentlich ein »russisches« Problem war, ein »polnisches« geworden, das sie sogar mit Rußland teilten. Das von der politischen Landkarte verschwundene Polen wurde als fehlende Mitte zu einem größeren Problemfall, als das staatlich existente Polen es je gewesen war.

Polenpolitik

Das Problem »Preußisch-Polens« wurde auf der Frankfurter Nationalversammlung wenigstens noch gesehen. Dem als Nationalstaat konzipierten Deutschen Reich von 1871 fehlte jeder »Reichsbegriff«; eine Konstruktion wie die, daß das Großherzogtum Posen wohl Teil der preußischen Monarchie, nicht aber des Deutschen Bundes sein könne, war unverständlich geworden, anachronistischer und leerer »Formelkram«. Wenn es eine »Polenfrage« und rivalisierende Mächte gab, hätte als »Polenpolitik« nahe gelegen, die eigenen Polen geradezu zu verwöhnen. Dem Nationalismus kam das nie in den Sinn.

Bismarck war gewiß kein Nationalist, wohl aber bereit, herrschende Paradigmen, wenn er sich ihnen schon nicht entziehen konnte, dann wenigstens für seine Zwecke zu nutzen: *Wenn schon Revolution sein soll, dann wollen wir sie machen* – Strategie, mit dem Wort Moltkes, als »System der Aushilfen«. Bismarcks konservativer Pessimismus führte nicht dazu, unter allen Umständen zu »bewahren« und »aufzuhalten«; er war bereit, jederzeit Teile der »Staatsidee« zu opfern oder zu ändern, wenn nur der »Staat« blieb.

Während Bismarck selber gegen eine polnische »Nationalität« nichts einzuwenden hatte, sah er voraus, ein nach Lage der Dinge von »Kongreßpolen« ausgehender polnischer Nationalstaat werde mit dessen Territorium niemals zufrieden sein, sondern mit seinen Ambitionen tief in die staatliche Substanz Preußens und damit des neuen deutschen Reiches eingreifen. Nationale Ansprüche auf das gleiche Territorium schließen einander aus, sind durch keinen Kunstgriff versöhnbar. Wenn das neue Reich nur »national« zu sichern war, dann war das eben so.[17] Also zog Bismarck ein Zusammengehen mit Rußland vor, das diesen polnischen Nationalstaat gleichfalls nicht wollte, hielt sich jedoch als Mentalreservation die »polnische Frage« als letzten Ausweg offen, falls »deutsch-russische Freundschaft« nicht hielte.

Bismarck war schmerzlich bewußt, daß der Gedanke des Nationalstaats unter anderem das Baltendeutschtum preisgab, den deutschbaltischen Adel, dem er persönlich und in seiner ganzen Lebensauffassung nahestand.[18] Es gehört zum Begriff des »Auslandsdeutschtums« überhaupt, daß es sich immer um Minderheiten handelt, die auch dort nicht die »Staatsnation« darstellen, wo sie – Wolgadeutsche, Siebenbürger Sachsen oder im brasilianischen Blumenau – in geschlossenen Siedlungsgebieten wohnen. Dies galt erst recht an der Ostsee und für die Deutschbalten, die als Oberschicht in einem Raum eingesessen waren, den zu »germanisieren« sie nicht einmal versuchten. Für sie war offensichtlich jeder Nationalismus eine Bedrohung ihrer Identität und Gift. Und ebenso offensichtlich war die gewachsene Gemengelage des baltischen wie des osteuropäischen oder Donauraums nicht mit den Mitteln des in Westeuropa entstandenen Nationalbegriffs zu bewältigen.

Daher ist es pervers, wenn ein »Alldeutschtum« sich mit großem Aufwand der »Auslandsdeutschen« annahm, deren Lebensgrundlagen es gleichzeitig zu zerstören beitrug. Hier bestand wieder über die Voraussetzungen der eigenen Existenz keine Klarheit, und das lag nicht am Übermaß, sondern an einem Mangel an »Preußentum«, an der Übernahme »westlicher« Ideen, die für einen ganz anderen Raum mit säuberlich gegeneinander abzugrenzenden Nationen konzipiert waren.

Wie unzulänglich der »alldeutsche« Gedanke das »Deutschtum« erfaßte und es pervertierte, wird umgekehrt an einem im »Westen« eben nicht vorkommenden Punkt deutlich, den sein Blickfeld nie einbezog, nämlich am osteuropäischen Judentum. Wie sehr dieses Judentum zur deutschen »Kulturnation« gehörte, war in Prag evident, doch auch Paul Celan oder Elias Canetti sind Beispiele. Das galt nicht nur für die Hochkultur, sondern auch für das »Schtetl«. Den Juden war ihre Affinität zum Deutschtum bewußt; noch 1941 hätten sie die Deutschen in aller Unschuld gern als »Befreier« begrüßt. Auf deutscher Seite ist das nur gelegentlich mit Erstaunen oder Befremden wahrgenommen und bis zum heutigen Tage nicht der naheliegende Schluß – er sei falsch oder richtig – gezogen worden, daß es sich bei diesen Juden um einen der »verlorenen Stämme« des deutschen Volkes handeln könnte. Der Genozid war Brudermord.

Wenn »des Deutschen Vaterland« reicht, »so weit die deutsche Zunge klingt«, hätte evident sein sollen, daß »Jiddisch« ein deutscher Dialekt ist. Auch das Deutsch, das an der Wolga gesprochen wurde, Ziel einer um Jahrhunderte jüngeren Auswanderungswelle, wies ja bereits archaische Züge auf. Wie der Bauer dort in seinem evangelischen Glauben seine Identität, seine geistige Heimat, die Wurzeln seiner Selbstorganisation und sein »Deutschtum« fand, fand sie der Jude in der Synagoge, und daß seine »Kirchensprache« nicht Deutsch, sondern Hebräisch war, blieb zwar nicht ohne Folgen, machte es aber noch nicht zu »seiner« Sprache (so wie Lateinisch für einen vorkonziliaren Katholiken auch nicht zu seiner Muttersprache wurde). Ist auszudenken, was geworden wäre, wenn solche Gedanken sich durchgesetzt hätten? Vorbei, verweht – die Geschichte gibt neue Chancen, erzwingt auch ein *da capo*, aber nicht immer und nicht immer wieder.

Ja, natürlich lag das am Antisemitismus, noch nicht in seiner mörderischen, aber in seiner gesellschaftlichen Ausprägung, an den Problemen von Emanzipation und Assimilation. Aber wenn nach überwiegendem Urteil dieser Antisemitismus in Deutschland im 19. Jahrhundert schwächer ausgeprägt war als sonst auf dem Kontinent und bestimmt nicht so virulent wie in Rußland und Polen – hätte sich hier nicht

Gelegenheit geboten, die behauptete Überlegenheit deutscher »Kultur« über Russen und Polen nachzuweisen? Ganz abgesehen von der Parallelität der Interessenlage – bei der Arbeit an den Minderheitenschutzverträgen griff die deutsche Seite 1919 weitgehend auf jüdische Vorarbeiten und Denkschriften zurück.[19]

Der aus dem »Westen« kommende Nationalismus entfaltete im »Osten« besondere Unduldsamkeit und Sprengkraft, obwohl oder gerade weil er ständig auf ein Anderssein stieß, dem er nicht ausweichen konnte und an dem er sich rieb. Am ehesten begreiflich ist das in Polen, wo die Auslöschung des Staates die »Nation« zutiefst verletzt hatte und entgegen den Absichtserklärungen des Wiener Kongresses sogar die polnische »Nationalität« selbst zur Disposition gestellt worden war. »Junge« Staaten legen sowieso bis zum Exzeß Wert auf alle Attribute der »Staatlichkeit«. Und ihr Nationalismus wird sich in aller Regel nicht kontradiktorisch – nichtdeutsch, nicht-russisch usw. – definieren, sondern als Anti-Haltung, die im Nachbarn den »Feind« sieht. Das führt natürlich zu Reaktionen, und so ergibt sich gegenseitige Eskalation. Wie kann man sich andererseits wundern, wenn Russen oder Serben sich verletzt fühlen und auf ihre »Eigentlichkeit« besinnen, wenn sie sich, den Gesetzmäßigkeiten eines wie immer gearteten Föderalismus folgend, als »Staatsnation« stets ein wenig zurücknehmen mußten und dafür »Undank« ernten? Da laufen simple und vorhersehbare Mechanismen ab.

1919 blieb das Selbstbestimmungsrecht weitgehend auf der Strecke; augenfällig traten an die Stelle der alten Donaumonarchie neue »Völkergefängnisse«. Den Friedenmachern von Versailles war das nicht ganz entgangen; sie versuchten, dem mit Instrumenten wie Minderheitenschutz und Gebieten mit besonderem, quasi neutralisiertem Status wie dem Memelgebiet und der Freien Stadt Danzig gerecht zu werden. Sieht man davon ab, daß ein Begriff der »Minderheit« außerhalb von Nationalstaat und demokratischem Verfahren keinen rechten Sinn macht, war dies ein zunächst archaisch scheinender Rückgriff auf ältere Formen der Reichsorganisation – nur daß hinter ihnen kein »Reich« stand, sondern ein »Völkerbund« ohne eigene Macht.

Minderheitenrechte sind kein Mehr, sondern ein Weniger an Demokratie, weil sie dem Gestaltungswillen demokratischer Mehrheiten entzogen sind. Es ist ja zwischen der parlamentarischen Minderheit zu unterscheiden, deren Rechte sich aus der theoretischen Chance ergeben, eines Tages zur Mehrheit zu werden, und der völkischen oder »nationalen« Minderheit, bei der diese Chance *ex definitione* ausscheidet. Daher sehen gerade »junge« Staaten in »von außen« aufgezwungenen »Minderheitenabkommen« leicht eine unerträgliche Beschränkung ihrer Souveränität, geradezu ihre Degradierung zu Nationalstaaten zweiter Klasse. Doch auch für die an sich durch den Minderheitenstatus begünstigten Deutschen ergab sich noch bestenfalls ein *Status quo minus*, im Vergleich zwischen »Einst« und »Jetzt« eine Deklassierung, weil sie nicht mehr »staatstragende Schicht« waren.

Nun ist Unzufriedenheit beider Seiten mit einem ergangenen Richterspruch eher ein Anzeichen, daß er ungefähr das Richtige getroffen hat. Dazu muß aber die Bereitschaft treten, sich mit ihm abzufinden. Diese Bereitschaft war nach 1919 überall gering; für Kurt Tucholsky, der doch als Vorkämpfer von Demokratie und Menschenrechten gilt, war »Kompromiß« ein Schimpfwort, etwas Korruptes und Unmoralisches. Da Nationalismus und Nationalismus einander ausschließen, gibt es auf dieser Ebene begriffsmäßig keinen Raum für Kompromisse. Nationale und internationale Politik wurden in einem Maße primitiviert, daß im Vergleich die mühsamen Austarierungen und »Kompensationen« des 17. und 18. Jahrhunderts als Gipfel der Staatsweisheit erscheinen. Unerfüllte Ambitionen und gegenseitiges Mißtrauen vergifteten die Atmosphäre mehr als in Jahrhunderten zuvor.

Es ist kein Wunder, daß Carl Schmitt in einer solchen Atmosphäre der Intoleranz das »Politische« als »Freund/-Feind-Verhältnis« entdeckte. Wahrheit und Klarheit dieses Begriffs erweisen sich noch heute gerade an seinen heftigsten Kritikern, wenn sie bei einer beliebigen These nicht nach deren Richtigkeit fragen, sondern nur, woher sie kommt. Der entscheidende Punkt wird meist verfehlt: Wie die »Hegung« des Krieges nur gelingen kann, wenn er als Faktum akzeptiert wird (und derjenige, der das leugnet, nach Jacob Taubes in Wahrheit einen »schärferen Krieg« will), so ist die Akzeptanz des »Freund/Feind-Verhältnisses« Voraussetzung für die Entwicklung von Verfahren, die dieses Verhältnis zum »Anderen« und die Bewältigung aus ihm entstehender Konflikte regeln.

Gewiß standen die Friedenmacher von 1919 mit der Verbindung von Selbstbestimmungs- und Minderheitenrechten gerade im östlichen Europa vor der Aufgabe einer *concordantia oppositorum*, vor – freilich selbstgeschaffenen – Aporien. Hinzu kam ein weiteres, selten bemerktes Paradox: Der deutsch-russische Friedensvertrag von Brest-Litowsk 1918 galt – und gilt – als Horrorbeispiel eines ungerechten Gewaltfriedens, das den Deutschen entgegengehalten wurde, wenn sie sich über »Versailles« beklagten. Aber außer der Tschechoslowakei verdankten alle diese neuen Staaten ihre Existenz zunächst den Erfolgen der deutschen Waffen und dem durch sie herbeigeführten Zusammenbruch Rußlands. Es zeugt von bemerkenswertem deutschen Ungeschick, daß dieser eindeutige Tatbestand außer in Finnland so schnell in Vergessenheit geriet. Auch die »Polnischen Legionen« des Nationalhelden Marschall Pilsudski hatten zunächst auf seiten der »Mittelmächte« gekämpft.

Immerhin gelang ein Nationalitätenkompromiß in den neuen baltischen Republiken. Ihre gemeinsame Verteidigung gegen das bolschewistische Rußland durch Esten, Letten und Deutsche trug zu hinreichendem Gemeinsamkeitsgefühl bei. Zudem war der »Minderheitenschutz«, also deutsche »Kulturautonomie« nicht mit deutschen territorialen Revisionswünschen belastet, während die Zerschlagung des Großgrundbesitzes und damit deutschbaltischer wirtschaftlicher Vormacht sich auf gängige Bodenreformideen berufen konnte.

Dagegen gelang er nicht in Polen, obwohl Polen und Deutsche, aber auch Polen und Litauer lange genug miteinander gelebt hatten. Die Restituierung Polens hätte nicht nur als Wiedergutmachung von Unrecht, sondern raumpolitisch zur Stabilisierung Europas beitragen sollen, schuf aber stattdessen neue Konfliktherde.

Es geht nicht darum, aufzurechnen oder die polnische Politik nach 1919 auf die Anklagebank zu setzen und für die folgenden Schrecken mitverantwortlich zu machen. Selbstredend löste die preußisch-deutsche »Ostmarkenpolitik« vor 1914 einen *backlash* aus. Und die Wiederherstellung des polnischen Staates konnte nur auf Kosten der bisherigen Teilungsmächte erfolgen, die nunmehr samt und sonders besiegt waren und deren Territorium zum Objekt der Dispositionen der Sieger wurde, an die sich Polen deshalb anschloß. Es war ja das Dilemma der »Mittelmächte« Deutschland und Österreich-Ungarn und ihrer deshalb halbherzigen, ungelenken und wankelmütigen Polenpolitik, daß ihnen ein polnischer Staat als Verbündeter nunmehr ganz erwünscht war, als ohne weiteres disponibles Territorium für diesen aber nur das eroberte »Kongreßpolen« zur Verfügung stand, womit er sich vorhersehbar nicht begnügen würde.[20]

Der Ehrgeiz Pilsudskis richtete sich auf die Wiederherstellung des alten Jagiellonenreiches. Ihm war bewußt, daß ein solches Großreich nur als föderative Union verschiedener Nationen errichtet werden könnte. Dazu jedoch war die polnische Nation in ihrem verletzten und daher übersteigerten Nationalismus, der nichts von Deutschen, aber ebensowenig von Ukrainern, Litauern oder Weißrussen wissen wollte, nicht bereit; und dementsprechend versagten sich die anderen. Die halbherzige Unterstützung der ukrainischen Unabhängigkeitsbewegung im russischen Bürgerkrieg versickerte. Noch das aussichtsreichste polnische Projekt einer baltischen Liga unter Einbeziehung nicht nur der »Randstaaten« Lettland und Estland, sondern auch Finnlands gelang nicht, weil die Beziehungen zu dem als Bindeglied unverzichtbaren litauischen Nachbarn trotz jahrhundertelanger Verbundenheit und gemeinsamer Katholizität feindselig blieben; auch betrachteten Deutschland wie die Sowjetunion als Nachfolger Rußlands scheeläugig jede Erweiterung polnischen Einflusses. Im Grunde blieb Polen mit allen Nachbarn zerstritten.

Doch wenn dieses neue Polen auch über das »Kongreßpolen« hinausging, auf das die »Mittelmächte« es gern beschränkt hätten – selbst die Grenzen von 1772 wurden nicht erreicht, auch im Verhältnis zu Deutschland blieb der Gebietserwerb weit hinter den polnischen Erwartungen zurück. Das alte Polen war ein »Reich« gewesen, ein Vielvölkerstaat; das neue Polen enthielt nicht genug nichtpolnische – deutsche, jüdische, ukrainische oder litauische – Elemente, um – wiederum mit Martin Broszat – eine föderale oder »Reichs«struktur unumgänglich zu machen, aber mit einem Drittel seiner Bevölkerung zu viele, um als reiner Nationalstaat konzipiert zu werden. Polen war jedoch nicht bereit, diese Minderheiten politisch an seinem Staat zu beteiligen, und freundete sich mit »Minderheitenrechten« um so weniger an, je mehr diese im Zusammenhang mit den ja weniger »vertraglich« als unter Kriegs- und Bürgerkriegsumständen – Stichwort »Annaberg« – zustande gekommenen Grenzen und deren Revision standen. Schon die alte polnische Adelsrepublik hatte von der Vielzahl der von ihr vertretenen Völkerschaften wenig Kenntnis genommen. In der östlichen Weite sind Grenzen selten eindeutig und auch als »historisch« bezeichnete meist nur Demarkationslinien. Die neue Republik definierte sich »nationalpolnisch« und strebte trotzdem nach »jagiellonischen« Grenzen.

Wie wäre dieser prekäre Zustand zu stabilisieren gewesen? Offensichtlich liegt, wenn nicht *der*, so doch *ein* Schlüssel zu allen denkbaren (also auch einander entgegenzusetzenden) »europäischen Friedensordnungen« im Verhältnis Deutschlands zu seinen jeweiligen östlichen Nachbarn als Funktion des deutsch-französischen Verhältnisses. Eine solche »Mittellage« ist keineswegs singulär, keine deutsche Spezialität, sondern Funktion der beliebten strategischen Aushilfe, Verbündete im Rücken des Gegners zu suchen: Frankreich, das sich seinerseits lange vom Hause Habsburg an Rhein und Pyrenäen umklammert sah, suchte sogar Hilfe bei den Osmanen, dem »Feind der Christenheit«, nicht anders als noch in jüngster Zeit die Vereinigten Staaten gegen die Sowjetunion beim kommunistischen China.

Polen setzte auf die Verbindung mit Frankreich, obschon es mit dieser Tradition der *barrière de l'Est* eigentlich schlechte Erfahrungen gemacht hatte. Es setzte auf eine Politik, die Deutschland mit allen Mitteln niederhielt, isolierte sich damit wie Frankreich auch und konnte doch nicht verhindern, daß Frankreich schließlich zum Pakt von Locarno bereit war, obwohl Deutschland ein »Ostlocarno« ausdrücklich ablehnte.

In Posen und Westpreußen setzte Polen die frühere deutsche »Ostmarkenpolitik« mit umgekehrtem Vorzeichen fort, indem es versuchte, Zahl und Einfluß der Deutschen mit allen Mitteln zu reduzieren. Auch Deutschland schlüpfte in seine nunmehr »polnische« Rolle, rief sie zum »Ausharren« auf und unterstützte sie mit nicht unerheblichen Mitteln. Was aber wäre gewesen, wenn Polen sich vorteilhaft von seinem Vorgänger unterschieden hätte, indem es eingesessenen und vielleicht sogar zuwandernden Deutschen volle Gleichberechtigung und kulturelle Autonomie nicht nur buchstabengetreu, sondern großzügig gewährte und auf kleinliche Schikanen verzichtete? Ob eine solche Politik zum Erfolg geführt hätte, läßt sich nicht sagen, weil sie nicht versucht wurde. Aber die Position Deutschlands wurde um so stärker, je antagonistischer sich Polen gab. »Minderheitenschutz« erwies sich als brauchbare Waffe, um Polen auf die Anklagebank des Völkerbundes zu bringen, so daß es sich ständig rechtfertigen mußte und als permanenter Störenfried dastand (es gehört zu den Merkwürdigkeiten des »Dritten Reiches«, daß es durch seinen Austritt aus dem Völkerbund fast von Anfang an auf diese Waffe verzichtete).

Eklatant wurde das am Beispiel der »Freien Stadt Danzig«, die trotz unbestreitbar deutschen Charakters aus dem Reichsverband gelöst und unter Völkerbundsaufsicht gestellt wurde, damit Polen einen brauchbaren Hafen zu seiner Verfügung hatte. Das war ein Rückgriff in die Geschichte, in der die stolze Stadtrepublik sich im Ganzen unter der »Krone Polen« so wohl befunden hatte, daß sie sich nur widerwillig mit der Eingliederung in Preußen abfand. Es hätte im polnischen Interesse gelegen, Danzig diese Wiederkehr einer alten Position so schmackhaft wie möglich zu machen, zu beweisen, daß sie viel vorteilhafter wäre als eine Randlage als preußische Provinzstadt und Polen nicht daran dächte, den Charakter der Stadt zu verändern. So aussichtslos war das kaum in einer in Deutschland politisch wie wirtschaftlich unsicheren Zeit.

Statt dessen sah sich Danzig in einem ständigen Abwehrkampf gegen polnische Übergriffe, Schikanen und Versuche, den Status der Stadt zu beschneiden. Polen dachte nicht daran, den Danziger Hafen florieren zu lassen; es tat ihm so viel Abbruch wie möglich und legte mit großem Aufwand in Gdingen einen eigenen Hafen an. Wenn mithin Polen den ihm gewährten Hafen weder nutzen wollte noch brauchte, dann wurde die ganze Konstruktion zum Beweis der Absurdität der Versailler Ordnung. Danzig vergaß unter solchen Umständen eigene republikanische Tradition und sah sich nur noch als Vorkämpfer des Deutschtums – »Danziger Vorposten« hieß eine große Zeitung der Stadt.

Die Königl. Polnische u. Preussische Hansee- und Handelsstadt Dantzig« (Stich des 8. Jahrhunderts mit Belagerung durch ein russisch-sächsisches Heer) setzte sich zur Wahung ihrer Eigenständigkeit auch gegen die »Krone Polen« zur Wehr, deren nominelle Herrchaft sie im Grunde vorzog und unter der die stolze Stadtrepublik zum wichtigsten Handelslatz an der Ostsee geworden war (Holzschnitt von 1617).

Auf beiden Seiten war das Nationalgefühl so beschädigt, daß wohl keine in der Lage war, der gegenseitigen Eskalation ein Ende zu setzen. Der Anstoß hätte von Polen kommen müssen, nicht weil es mehr im Unrecht oder mehr im Recht gewesen wäre, sondern weil es kurzfristig noch zu den *beati possidentes*, den Siegermächten gehörte, also etwas bieten konnte, längerfristig aber einem erstarkenden Deutschland nicht gewachsen war und seine schwächere Wirtschaft unter diesem »kalten Krieg« mehr litt als die deutsche.

Stresemann war überzeugt, daß Polen über kurz oder lang konzessionsbereit werden müsse, und lehnte es deshalb ab, einen Forderungskatalog aufzustellen, der einstweilen nur bescheiden hätte ausfallen können. Hätte aber Polen ein Angebot gemacht, das Hitlers 1939 nur *pro forma* aufgestellten Forderungen nach Rückkehr Danzigs zum Reich und einer exterritorialen Auto- und Eisenbahn durch den »Korridor« entsprochen hätte, dann hätte keine halbwegs »normale« Reichsregierung sich dem entziehen können. Um 1930 rasselte Polen statt dessen so mit dem Säbel, daß Deutschland ernsthaft beunruhigt war; weil Polen sich aber bei aller Selbstüberschätzung ohne Verbündete auf einen Krieg selbst gegen das weitgehend entwaffnete Deutschland doch nicht einlassen wollte, zeigte der Vorgang nur einmal mehr Polens Isolierung.

Mit dem »Dritten Reich« hat das noch wenig zu tun und mit der Vorgeschichte des zweiten Weltkrieges nur insofern, als es das ungute Klima der »Zeit zwischen den Kriegen« zeigt. Hitlers Polenpolitik war sprunghaft. Zunächst betrachtete er die Danziger Frage und die der deutschen Ostgrenze als lächerlichen Kleinkram und schloß mit Polen ohne Umschweife einen Nichtangriffspakt – beides hätte keine Weimarer Regierung gewagt, sondern als Vaterlandsverrat empfunden; es gibt aber keine Anzeichen dafür, daß Hitler sich nur hätte »tarnen« wollen. Dann versuchte er, die eher skeptischen Polen zu gemeinsamem Vorgehen gegen die

Der Stolz Polens: Im September 1939 versuchen polnische Ulanen, es mit deutschen Panzerdivisionen aufzunehmen. Was immer sich dazu sagen läßt – vergeblicher Heroismus, Hybris, Ungleichzeitigkeiten – bleibt nicht auf eine Seite beschränkt. Denn die Siege der hochtechnisierten deutschen Wehrmacht enden in deutschen Flüchtlingstrecks, archaisch wie die polnische Kavallerie oder die elenden Reste von Napoleons Grande Armée auf dem Rückzug von Moskau – und doch gültige Signatur gerade des 20. Jahrhunderts.

Sowjetunion zu animieren, und beteiligte sie an der Aufteilung der Tschechoslowakei. Erst als letzte Phase und im Widerspruch zum Vorangegangenen kommt die hemmungslose Wut auf die »Polacken« und der Wille, sie als Nation, die sich seinen Wünschen zu widersetzen wagte, »auszulöschen«. In alledem sind weder Logik noch Konsequenz noch irgendeine »Kontinuität« zu erkennen. Sicher ist nur, daß Hitler den »Krieg« wollte, als »Kriegsgrund« mochte alles herhalten, nachdem ihm »München« das zunächst zu seiner Enttäuschung verdorben hatte. Auch umgekehrt traten die Westmächte 1939 nicht in den Krieg ein, weil seine Forderungen an Polen so maßlos oder unvernünftig gewesen wären, sondern weil sich Hitler als friedensunfähig erwiesen hatte.

Daher bricht diese »Fallstudie« mit Hitler ab. Denn das »Dritte Reich« bietet nur Chaos und kein Bild irgendeiner räumlichen oder politischen Ordnung, nicht einmal einer »faschistischen« – auch dort nicht, wo es sich wechselnder historischer Paradigmen bedient. Es zeigt allerdings den Zusammenbruch der Versailler Ordnung als vergeblichen Versuch, nationalstaatliches Nebeneinander, nationale Minderheiten, strategisches Gleichgewichtsdenken und Völkerbund in Einklang zu bringen. Unter den von vornherein ungünstigen Voraussetzungen war es ein Wunder, daß es überhaupt gelang, etwa anderthalb Jahrzehnte lang die nationalen Konflikte um Oberschlesien oder Danzig unter internationaler Kontrolle zu dämpfen. Was danach, also etwa seit dem Hitler-Stalin-Pakt geschah, gehört in den ganz anderen Kontext der Weltbürgerkriege, war also das Gegenteil des Versuchs einer »Friedensordnung«.

Der Zusammenbruch der fragilen Ordnung von Versailles und des Völkerbundes und die Katastrophe des zweiten Weltkrieges gaben dem Wunsch neue Nahrung, nach einem *war to end all war* endlich zu einer stabilen Ordnung für die *One World* zu finden. Einem solchen *universalistischen* und legalistischen Nachdenken über ein »Weltregiment« schien jedes

Denken in »Räumen« ein anachronistischer Rückfall in »Geopolitik« als nacktes Expansionsstreben zu sein. Wenn auch die Grenzen dieses Universalismus im kalten Krieg alsbald sichtbar wurden, schienen sich ihm nach 1989 neue Chancen zu eröffnen. Indessen lag schon das Versagen von »Versailles« weniger an mangelndem Universalismus als an dem Unvermögen, »Raumordnung« zu schaffen.

Universalismus und Föderalismus

Daß nämlich nach 1989 vor allem eine *Raumrevolution* stattfand, die das Gebäude der in Jalta begonnenen »Nachkriegsordnung« zum Einsturz brachte und viel ältere Strukturen freilegte, wurde in der Euphorie jener Tage wenig beachtet. Wichtiger schien der »Sieg der Demokratie« zu sein, die Erwartung, daß sich damit alle gegenwärtigen und künftigen Streitfragen auf »demokratischem«, also friedlichem und universalistischem Wege lösen würden.

Das gehörte zu den chiliastischen Hoffnungen, die sich mit dem Ende jedes großen, also auch des kalten Krieges verbinden und regelmäßig enttäuscht werden. Speziell in Deutschland als Nische des kalten Krieges entwickelten sie sich anhand des erbaulichen Menschenbildes einer *civil society*, dessen Grundlage in der Diskursethik zu suchen sein mag. Wenn künftig die Wölfe bei den Lämmern wohnen sollen, gilt die Frage, wovon sich die Wölfe wohl ernähren werden, als unfein.

Von universeller Demokratie das Heil zu erwarten, ist freilich keine Erfindung deutscher Intellektueller, sondern seit eh und je amerikanische Leitidee. »Die Vorstellung, Frieden hänge vor allem von der Existenz demokratischer Institutionen ab, bildet auch heute noch einen Grundpfeiler des politischen Denkens der Amerikaner« (Henry Kissinger),[21] wobei »Demokratisierung« mit »Zivilisierung« gleichgesetzt wird. Zur »Zivilisierung« des zwischenstaatlichen Verkehrs gehört, ihn legalistischer und rechtsförmiger zu gestalten, gar justitiabel zu machen und »Geheimdiplomatie« durch »Öffentlichkeit und Diskussion« zu ersetzen. Insoweit führte dieses Denken auf geradem Weg zur Schaffung des »Völkerbundes« und dann der »Vereinten Nationen«.

Das ist eine *imperiale Idee* ersten Ranges. Zu ihrem Triumph wurde die Demokratisierung Deutschlands und Japans nach 1945. Doch am Beginn dieser zunächst nur oktroyierten Demokratie stand für Deutsche wie Japaner als »Gottesurteil« die Erkenntnis ihrer Niederlage, die unbestreitbare Tatsache, daß die angeblich so dekadenten Demokratien der »Krämervölker« mit den Nationen der »Helden« und der »Krieger« Schlitten gefahren waren und deren ureigenstes Gewerbe besser und wirksamer betrieben als sie. Das Gegenteil war den Deutschen nicht nur von ihren Machthabern eingeredet worden, sondern entsprach ihren Eindrücken vom Weimarer »Versagen«. Daß Diktatoren – bis zu Saddam Hussein – sich die These von der »Friedlichkeit« der Demokratie in der Form zu eigen machten, diese seien zu kräftiger Reaktion weder willens noch in der Lage, wurde langfristig zu ihrem Unheil.

Kurz- oder auch mittelfristig ist freilich der »Rabauke« gegenüber dem »Zivilisierten« stets im Vorteil. Das läßt sich in jedem Klassenzimmer und in jeder Talkshow beobachten – eine Frage weniger der Psychologie als der Soziologie. Wer verzichtet, überläßt das Feld denen, die nicht verzichten. Es ist jeweils eine sehr ernste Frage, ob der Verzicht auf den rechtzeitigen Eingriff – der Soldat als *Skalpell in der Hand des Chirurgen* (J.F.C. Fuller) – aus Scheu vor »Blutvergießen« dieses »Blutvergießen« nicht lediglich verlagert oder gar vermehrt.

An sich ist nicht recht einzusehen, warum sich Demokratie besonders zur Herstellung internationaler Harmonie eignen sollte. Denn Demokratie ist nicht auf »Harmonie«, sondern auf »Streit«, »Streitkultur« angelegt und andererseits introvertiert, auf die eigene Innenpolitik fixiert. Deshalb fällt ihr Außenpolitik und strategisches Denken schwer (Harold Mackinder). Demokratie allein verbürgt aber schon deshalb keine Friedlichkeit, weil es noch ganz andere »Spannungsfelder« (Panajotis Kondylis) gibt als das zwischen Demokratie und Diktatur. Einer der blutigsten Konflikte des vorigen Jahrhunderts, nämlich der amerikanische Sezessionskrieg, fand zwischen Kriegsparteien statt, die sich durchaus als demokratisch verstanden und deren »ideologischer« Eros sich auf ganz andere Ebenen bezog, nämlich bei den Südstaaten auf ihr Recht auf Sezession und im Norden auf die Abschaffung der Sklaverei, also auf menschenrechtliche *topoi*, die auch heute Verständnis finden.

Die bösen Konflikte der Gegenwart auf dem Balkan wie in der ehemaligen Sowjetunion sind eine Frucht nicht der Diktatur, sondern der Demokratie. Nur die harte Hand autoritärer Herrschaft hielt den Deckel auf dem Topf alter Antagonismen. Die Erbitterung auf allen Seiten, der völlige Mangel an »Ritterlichkeit« und agonalem Charakter zeigen, daß hier »demokratische« Kriege mit einem für existentiell gehaltenen Ziel geführt werden, bei denen Serben, Bosniaken oder Kroaten gleichermaßen ihre Sache als die einzig »gerechte« ansehen. Ob es sich um »Freiheitskämpfer« oder »Banditen« handelt, ist stets Ansichtssache. Es handelt sich jedenfalls um keine Atavismen, sondern führt zu Hannah Arendts Gedanken der »Gewalt« als integralem Bestandteil auch der Moderne.

Seit 1945 wurde in den westlichen Demokratien nicht nur innen-, sondern vor allem außen- und weltpolitisch in Systemen, Verfahren und Institutionen »universalistisch« gedacht. Das lag an dem großen Einfluß amerikanischen Denkens und wurde begünstigt durch die Bedingungen des kalten Krieges, die Bipolarität, die regionale Konflikte innerhalb der westlich orientierten Welt abbremsten oder in das Ost-West-Schema des »Systemkonfliktes« einpaßten. Denken in »Räumen« galt dagegen als anrüchig, obwohl Geopolitik weder eine »faschistische« noch eine deutsche Erfindung ist.

Politologie als Denken in Systemen läßt sich dem Faktor »Zeit« zuordnen. Auch der strikteste Universalist wird nicht leugnen, daß das Entstehen von Demokratie Zeit braucht, daß es »Ungleichzeitigkeiten« und Rückschläge gibt. Doch für ihn sind Demokratie in Schweden und in Papua-Neuguinea nur Haltepunkte einer Zeitreise.

»Politik« – oder auch: »Geschichte« – vollzieht sich indessen in Zeit *und* Raum.[22] An sich leuchtet nicht recht ein, warum der »Universalist« sich dem »Neorealisten«, der den »Raum« in sein Denken einbezieht, moralisch überlegen fühlen sollte. Aber wie die »Zeit« nimmt der Universalist auch die »Ideen«, die »Normen« und die »Moral« für sich in Anspruch, während dem »Geopolitiker« deren Umsetzung im »Raum« und damit die in der Regel unreinliche Realität überlassen bleibt – also die »Drecksarbeit«. Beides gehört indes zusammen.

Denn alles zeitliche Geschehen hat seinen bestimmten Ort, und selbst wenn es dort nur »zufällig« stattfinden sollte, wirkt es in diesem und aus und auf diesen konkreten Raum. Auch der demokratische Staat ist ein *Territorial*staat neben anderen; seinen räumlichen Zwängen kann sich ein Staat am wenigsten entziehen.

Natürlich sind räumliche Gegebenheiten wie andere Faktoren nicht immer zwingend. Sie können ausgeglichen, relativiert oder gar beseitigt werden, etwa durch andere Verkehrswege und Handelsströme oder neue Technologien. So ist unübersehbar, daß Eisenbahn oder Flugzeug die Räume schrumpfen ließen. Der Punkt ist aber nicht der, daß Räume überwunden werden *können*, sondern daß sie überwunden werden *müssen*, daß das einer Anstrengung bedarf. Es muß doch auffallen, daß die Insellage Englands ebenso wie die Weite des russischen Raums trotz ganz anderer verfügbaren Technologien im zweiten Weltkrieg dieselbe Bedeutung hatten wie in den napoleonischen Kriegen. Zwar bot diese Insellage England nie absoluten Schutz vor Invasion; weder Römer noch Normannen bedurften eines Kanaltunnels. Doch »Land und Meer« bleiben *elementare* Kategorien. Das ist freilich ein besonders eklatantes Beispiel.

»Geopolitik« ist ein etwas unglücklicher Begriff: Ob sie eine Wissenschaft ist, mag fraglich sein; aber um Politik handelt es sich schon gar nicht. Selbst als »Politikersatz« ist »Geopolitik« so ungeeignet wie »Machtpolitik«, nämlich leer, weil die entscheidende Frage »Wozu?« offenbleibt. Deshalb läßt sich »Machtpolitik« (= »Geopolitik«) auch nicht, wie Politikerjargon will, »Verantwortungspolitik« gegenüberstellen: Wie ist denn »Verantwortung« gerecht zu werden, wenn die »Macht« dazu fehlt? Diplomatensprichwort: »Wenn ich mit der Faust auf den Tisch schlagen will, brauche ich erstens eine Faust und zweitens einen Tisch.« Geopolitik stellt nur Grundbedingungen und Voraussetzungen fest, unter denen sich Politik vollziehen kann. Der Werkzeugkasten sollte nicht mit dem Produkt verwechselt werden, das mit seiner Benutzung entstehen soll, und seine Schuld ist es nicht, wenn der Benutzer sein Handwerk nicht versteht.

Weltordnung ist vor allem Raumordnung. Geopolitik zu vernachlässigen, kann sich nur der leisten, der genügend geopolitische Trümpfe in der Hand hält. Er hat sogar ein Interesse daran, zu dissimulieren. Es ist wie mit dem Geld: Vor allem der muß darüber nachdenken, der zu wenig hat. Mit »Geopolitik« wird viel Unfug getrieben. Doch ein ernsthafter Universalist wie etwa E. O. Czempiel würde sich auch mit Recht verbitten, mit esoterischen Narren in einen Topf geworfen zu werden, nur weil sie »Frieden« säuseln.

Ein Ausklammern des Faktors »Raum« erschwert das Verstehen der nach 1989 aufgeflammten bewaffneten Konflikte. Denn Konflikte finden nicht nur in einem konkreten Raum, sondern – Staat als Territorium – zwischen Räumen als Raumkollisionen statt. Die des Denkens in Räumen inzwischen ungewohnten Deutschen tun sich deshalb in Politik und Öffentlichkeit so schwer mit ihnen – bis zu dem hilflosen Entsetzen, daß im Kriege tatsächlich geschossen wird. Die leicht groteske, an Trockenrudern erinnernde und weitgehend akademische innerdeutsche Diskussion zwischen

»Bellizisten« und »Antibellizisten« muß mühsam nachholen, was älteren Demokratien mit ungebrochener Kontinuität und Erfahrung bei allem »Universalismus« so selbstverständlich ist, daß man darüber nicht viel reden muß. Die Frage nach Anwendung militärischer Gewalt, *ultima ratio regum*, betrifft nur die Spitze des Berges, dessen Masse die Probleme der Staatenwelt und damit der Räume bilden. Die Konzentration auf »Bellizismus« oder »Antibellizismus« macht mit Carl Schmitt den Ausnahmezustand zur Regel, provoziert ihn geradezu, weil sie die Normalität der zu ihm führenden politischen oder strategischen Probleme ignoriert und die Auseinandersetzung mit ihnen verhindert.

Die deutschen Schwierigkeiten haben gute Gründe auch außerhalb des Traumas des zweiten Weltkrieges, dem Bewußtsein, nicht nur »auf der falschen Seite«, sondern die »falsche Seite« schlechthin gewesen zu sein. »Alte« Bundesrepublik wie DDR hatten keinen Anlaß zu eigenen raumpolitischen Überlegungen, weil ihre Lage vorgegeben war. Existenz und *ratio* der Bundeswehr ergaben sich nicht als normaler Bestandteil von Staatlichkeit, sondern zur Verhinderung des einen großen Konflikts, zu dem es keinesfalls kommen durfte.

Darüber hinaus entwickelte die bundesdeutsche Politik – nicht erst in der sozialliberalen Koalition, sondern schon unter dem Außenminister Gerhard Schröder – gegenüber dem »Osten« ihre Politik des »Gewaltverzichts«, um sowjetische Forderungen auf Festschreibung der »Ergebnisse des zweiten Weltkrieges« zu unterlaufen und der sowjetischen Seite die »Revanchismuskeule« aus der Hand zu schlagen. Daß sie scheinbar großzügig auf eine Option verzichtete, die sie nicht hatte und nicht erhalten würde, ihren Gegnern aber durchaus etwas abverlangte, war der Sowjetunion und erst recht der DDR bewußt. Trotzdem konnten sie sich dem Aikido-Trick, dem »Schulterwurf« durch Operationalisierung eines völkerrechtlichen Desideratums, das die Sowjetunion für sich selbst nutzen wollte, nicht entziehen. Aber dessen erfolgreiche Anwendung – auch in dem anschließenden Helsinki-Prozeß – in der Ausnahmesituation des kalten Krieges war eine Sache. Jedoch »Gewaltverzicht« in ideologischer Überhöhung zum Allheil- und Wundermittel für jede beliebige Situation zu machen, konnte nicht gelingen, versagt angesichts *realer* Gewalt und stellt bestenfalls eine Verwechslung von »Sollen« und »Sein« dar. Insofern hat gerade der unbestreitbare Erfolg dieser Politik falschen Vorstellungen Vorschub geleistet. In der *realen* Welt hat es die Bundesrepublik inzwischen in den Verdacht gebracht, auf Kosten anderer nach einem Alibi und mit großem moralischem Pathos nach wenig reputierlichen »Sonderwegen« zu suchen.

Es mochte gute Gründe geben, nicht in Ex-Jugoslawien zu intervenieren. Doch laut zu rufen »Nie wieder Völkermord!«, dann zu konstatieren, daß er stattfindet, und *aus beidem* den Schluß zu ziehen, deutsche Truppen dürften keinesfalls eingreifen, ließ elementarste Logik vermissen.

Andererseits ist der scheinbar unbefleckte Universalismus nicht so harmlos wie er tut. Schon Wilsons Universalismus *to make the world safe for democracy* war interventionistisch angelegt. Speziell im deutschen linken, um die Meinungshegemonie ringenden Denken fand überdies seit 1989 ein erstaunlicher Paradigmenwechsel statt. Die »Fernstenliebe« der Achtundsechziger bezog sich nur scheinbar auf Castro, Mao oder Ho Chi-Minh, deren Schicksal ihnen im Grunde gleichgültig war – wer kam schon auf die Idee, sich wie im spanischen Bürgerkrieg an »Internationalen Brigaden« zu beteiligen? In Wahrheit ging es um Chiffren für den Kampf gegen das eigene »Establishment«, gegen fast beliebige »Autoritäten«, um *épater le bourgeois.* Nunmehr jedoch ist der »edle Wilde« als Gegenstück zur hoffnungslos verrotteten eigenen Gesellschaft weniger gefragt. Vielmehr werden die heimischen Verhältnisse zum noch nicht perfekten, aber schon nachahmenswerten Muster, das zum Missionsauftrag wird für ein universalistisches Engagement, das sich in den Spannungsfeldern »Menschenrechte« und »Bewahrung der Schöpfung« niederschlägt.

Wenn es sich nicht um eine flüchtige Mode handelt, dann liegen hier zentrale, primäre, universalistische und normative (und gleichzeitig hinreichend vage, also interpretierbare) Impulse vor, *imperiale Ideen*, mit denen sich schlecht rechten läßt und die keinen Widerspruch vertragen – ein originärer »westlicher« Beitrag zu Huntingtons *clash of civilizations*. Bei den inzwischen fast traditionellen Feindbildern Türkei (Menschenrechte) und Brasilien (Regenwald) stört wenig, daß ihren Regierungen demokratische Legitimität kaum abgesprochen werden kann. Beide Spannungsfelder treffen in Rußland zusammen, im Kaukasus oder in Sibirien, und führen mit einem »erweiterten Demokratiebegriff« dazu, der russischen Regierung gleich den demokratischen Charakter abzusprechen. Denn der imperialen Idee von Menschenrechten und Umweltschutz genügen keine formalen demokratischen Kriterien; sie verlangt nach einer Zivilgesellschaft nach »westlichem« Muster. Da soll also keine »Multikulturalität« gelten.[23]

Sollten sich ausgerechnet die Deutschen zum Vorreiter einer imperialen Idee, welchen Inhalts auch immer, machen? Bisher hatten sie mit dem, was sie dafür hielten, wenig Glück und waren erst recht kein Glück für die Menschheit. Während des Berliner »Klimagipfels« 1995 wurde zwar nicht von der deutschen Regierung, wohl aber von ihren »progressiven« Kritikern unbeschwert ein recht pausbäckiger Ökoimperialismus proklamiert, wie er unter anderem von Greenpeace weiterbetrieben wird. Erschreckend die – man kann nur sagen – *Chuzpe*, mit der gerade die, die mit der deutschen Vergangenheit so gnadenlos abrechnen, aus dem dadurch erworbenen guten Gewissen abermals anderen Völkern ihr Verhalten vorschreiben, die »Lehren aus der Vergangenheit« gerade nicht ziehen, sondern unbeirrt die Welt »am deutschen Wesen genesen« lassen möchten und offenbar keine Ahnung haben, wie gefährlich dieses Spiel ist. Hier bahnt sich ein letztlich schrankenloser Interventionismus an. Im Vergleich damit sind »rechte« Forderungen nach deutscher »Verantwortung« oder auch »selbstbewußter Nation« harmlos, weil sie nur auf ein Deutschland als »Staat unter Staaten« hinauslaufen. Ob Deutschland ein »normaler Staat« ist, mag strittig sein, aber andere Staaten dürfen von ihm erwarten, wenigstens so zu tun.

Man müßte darüber nicht reden, wenn es sich nur um ein paar Sektierer und Ökofaschisten handelte. Das ist aber nicht der Fall. Denn der *mainstream* politischen Denkens und Handelns hat dem nur ein zaghaftes »Ja, aber« entgegenzusetzen, verlegt sich auf verbales Entgegenkommen und Beschwichtigen, das erst recht anheizen mag, und übt, obwohl der Vorwurf des »Faschismus« sonst schnell bei der Hand ist, höchstens sanfte Kritik an den offensichtlichen Rechtsbrüchen und un- oder antidemokratischen Facetten dieses Treibens, das sich in »historischem Recht« und voller politischer Korrektheit zu befinden glaubt. Das geringe Maß an Wissen der angeblichen »Informationsgesellschaft« wird unterboten von ihrem noch schlechteren Gedächtnis.

Denn pikanterweise wird die Menschenrechtsdiskussion aus eben den Kreisen angefacht, die noch vor kurzem im Verhältnis zur Sowjetunion Frieden so als »höchstes Gut« betrachteten, daß bereits Sympathien für Dissidenten oder Anprangerung von Menschenrechtsverletzungen als kriegstreiberisch und reaktionär galten. Das läßt sich als nachträglicher Widerstand verspotten. Aber ist »Frieden« plötzlich nichts mehr wert? »Konservative« Kräfte, die gegenüber der Sowjetunion eine härtere Gangart befürworteten, neigen jetzt eher zur Zurückhaltung. Ob Frieden wirklich das »höchste Gut« wäre, ließe sich sogar angesichts nuklearer Bedrohung bezweifeln, nicht aber, daß es sich um ein »hohes« Gut handelt. Abstrakt läßt sich dies nie beantworten, weil es stets um Konkretes geht: *Welcher* und *wessen* Frieden?

Mancher Universalist setzt Hoffnungen in die Vereinten Nationen und sieht als deren logischen Endpunkt eine mit »Gewaltmonopol« ausgestattete »Weltregierung«, bei der man wiederum die Frage, wie sie denn »demokratisch« zustande kommen soll, besser nicht stellt. Eine solche »Weltregierung« war jedoch entgegen einem gerade in Deutschland verbreiteten Irrtum keineswegs intendiert. Weder Wilson noch Roosevelt als Protagonisten von Völkerbund und Vereinten Nationen kamen jemals amerikanische Souveränitätsverzichte zu deren Gunsten in den Sinn. Da wird nicht lediglich idealistischer Universalismus durch angelsächsischen Pragmatismus temperiert. Das Mißverständnis mag vielmehr darauf beruhen, daß kontinentales Rechtsdenken sich grundsätzlich als Rechtsquelle nur einen übergeordneten Gesetzgeber und damit die Vereinten Nationen wenigstens im Ansatz nur als Nukleus eines Weltstaats vorstellen kann. Dem die Weltzivilisation beherrschenden angelsächsischen Rechtsdenken sind dagegen *Common Law* wie Völkerrecht als Rechtsgenossenschaft von Gleichen (wie sie etwa im Strafprozeß als *Jury* augenfällig wird) vollkommen geläufig.

Als sein Instrument sieht der Universalismus »kollektive Sicherheit« an, die anders als traditionelle Bündnisse darauf verzichtet, einen potentiellen Gegner zu benennen. Daraus folgte auch die Beliebtheit der gleichfalls auf ein »Feindbild« verzichtenden Blauhelmeinsätze. Die UN-Satzung sieht sie aber nicht einmal vor und will im Gegenteil die Feststellung und Bestrafung des »Aggressors«. Wer auf ein Gewaltmonopol der Vereinten Nationen setzt, sollte wissen, daß deren Charta durchaus ein »Feindbild« kennt, das von den ursprünglichen »Vereinten Nationen« als der Kriegskoalition gegen die »Achsenmächte«, also vor allem Deutschland und Japan, übernommen wurde. Die »Feindstaatenklausel« der Charta als weitere Erinnerung hat der bundesdeutschen Politik noch in den sechziger Jahren Kopfschmerzen gemacht, wenngleich weitgehend unbegründete.

Mit den Blauhelmen dagegen hat sich ein Prinzip eingeschlichen, das es nach der UN-Satzung nicht mehr geben dürfte, nämlich das der »Neutralität«, die in der zuvorigen Staatenordnung im Verhältnis zu agonalen kriegerischen Auseinandersetzungen unter Dritten ja ein ehrenhafter politischer Status mit klaren Rechten und Pflichten war. Mit Blauhelmeinsätzen kleinerer Länder ist eine Form des – von der Demokratie an sich perhorreszierten – Söldnertums aufgelebt, die an die Schweizerregimenter in fremden Diensten erinnert,[24] mit denen die Eidgenossen sich damals Einnahmen, internationales Ansehen und Verteidigungskapazität verschafften; aber Voraussetzung war die anerkannte Neutralität der Schweiz. Nunmehr bezieht sich diese Neutralität weniger auf das Entsendeland als auf die Masse der »friedenerhaltenden« Missionen selbst.[25]

So systemwidrig, wie es zunächst aussieht, ist das nicht. Denn der Generalsekretär einer Organisation wie der Vereinten Nationen kann sein Amt nur ausüben, wenn und soweit seine Unparteilichkeit, seine Neutralität gegenüber *allen* Mitgliedern über jeden Zweifel erhaben ist und er sich nicht zum Sprecher einer Staatengruppe – und sei es die überwältigende Mehrheit – machen läßt. Nur dann kann er auch als »Vermittler« fungieren. Das gilt ebenso für das ihm hierzu unterstellte Militär und begrenzt beider Möglichkeiten.

Soll dagegen einem Aggressor gegenüber keine Neutralität gelten, ist also gerade »Parteilichkeit« verlangt, kommt nicht mehr der Generalsekretär in Betracht, sondern nur der Sicherheitsrat als rein politisches Gremium.[26] Praktisch geht es darum, ob eine entsprechende Koalition unter Beteiligung größerer Mächte zustande kommt. Die größte erfolgreiche Operation solcher Art in den vergangenen Jahren, der Golfkrieg, fand nicht als Operation der UN statt, wenngleich mit deren Billigung, sondern als recht altmodischer Koalitionskrieg. Hinsichtlich Ex-Jugoslawiens gab es keine solche

Koalition. Es ist überhaupt kaum vorstellbar, daß Mächte sich jemals zu größeren Operationen bereit fänden, deren Notwendigkeit sie nicht selbst überzeugt und deren Durchführung nicht in ihren eigenen Händen liegt. Solche »Weltpolizei« ist eigentlich nichts Neues, sondern der alten Kanonenbootdiplomatie, den weltweiten Interventionen der Großmächte zum Verwechseln ähnlich. Auch daß Kriege vorzugsweise von Koalitionen geführt werden, ist nicht neu – nicht nur aus militärischen, sondern legitimatorischen Gründen.[27]

Nach den Erfahrungen mit dem Völkerbund hatten zwar die »Gründungsväter« der Vereinten Nationen durchaus eine wirksamere »Weltpolizei« im Sinn. Ihnen war jedoch klar, daß diese nur im und als »Konzert der Großmächte« zustande kommen und funktionieren würde. Insofern war die Einrichtung des Sicherheitsrats nicht als allweiser Areopag, sondern als »Großmächtedirektorium« folgerichtig. Es geht eben nicht um ein »Gewaltmonopol« der Vereinten Nationen, sondern um die Vereinten Nationen als Legitimierungsapparat, also einen weiteren Ansatz der jahrhundertelangen Bemühungen um »Hegung« des Krieges, bezogen nicht mehr nur auf das *jus in bello*, die »Gesetze und Gebräuche *im* Kriege«, sondern auf Kontrolle des *jus ad bellum*, des Rechtes *auf* Kriegführung. Damit freilich entsteht die Tendenz einer Rückkehr zum »gerechten Krieg«, die der »Hegung« der Kriegführung selbst nicht unbedingt förderlich ist. Das »neue« Element ist weniger, daß die Vereinten Nationen »Zähne erhalten«, die ja nicht ihre eigenen sind, als vielmehr die Anerkennung der herausgehobenen Rolle der Großmächte.

Es ist daher irrig zu glauben, mit den Vereinten Nationen hätte die Staatengemeinschaft etwas grundsätzlich Neues geschaffen, von dem sie nur noch nicht den rechten Gebrauch mache. Vielmehr fand wie in den Staaten selber auch in der Staatengemeinschaft lediglich ein allerdings erheblicher Auf- und Wildwuchs von Institutionalisierung und Bürokratisierung statt, einerseits einfach im Zeitablauf, andererseits aber, weil national wie international der Regelungsbedarf exponentiell zunahm.

Sogar das langsam arbeitende Staatensystem hat im Lauf der Jahrzehnte Kodifizierungen und Regelwerke auf den verschiedensten, zum Teil hochspezialisierten Gebieten zustande gebracht und sich dabei neuen oder zuvor nicht erkannten Problemen – Luftverkehr, Telekommunikation oder Umweltschutz – zuwenden müssen. Das ist eine nicht neue, sondern seit dem vorigen Jahrhundert – Weltpostverein – kontinuierliche Entwicklung. Auch hat die Vervielfachung der Zahl der Staaten den internationalen Betrieb kompliziert.

Dadurch erhielt die bereits zum alteuropäischen Instrumentarium gehörende Konferenzdiplomatie zusätzliche Bedeutung und wurde in einer kaum noch überschaubaren Zahl ständiger Institutionen und Gremien verankert. Die internationalen Beziehungen wurden nicht »demokratisiert«, aber »parlamentarisiert« mit Fraktionsbildungen und -kompromissen, advokatorischen Plenardebatten und konspiratorischen Couloirgesprächen. Immer jedoch geht es um Politik, und ob man das Außenpolitik oder Weltinnenpolitik nennt, ist ziemlich gleichgültig. Die Vereinten Nationen sind nicht ihr Träger, sondern wenn nicht ihr »Spiegel« (Panajotis Kondylis[28]), so doch nur ein Forum.

Die »neue« Weltordnung ist die »alte«. Es ist eine optische Täuschung der Gegenwart, die sie mit anderen Epochen teilt, sich für »nicht vergleichbar« mit ihren Vorgängern zu halten. Auch demokratische Staaten sind in erster Linie *Staaten*, die sich in konkreten Räumen und konkreten Lagen zueinander befinden und zueinander verhalten, sich aus- und einzurichten haben. Es war ein Geburtsfehler des Wilsonschen Universalismus, der (noch in der Tradition George Washingtons) das Hauptübel in den »Intrigen« der europäischen Mächte sah, hier nur einen zu überwindenden Rückstand anzunehmen und nicht eine Grundgegebenheit aller Staaten- und

Völkerordnung zu erkennen. Wahr ist freilich, daß er eine oft angezweifelte, insgesamt aber eher wohltätige Prinzipienfestigkeit in die amerikanische Außenpolitik gebracht hat.

Universalistische Ethik ist indessen nicht die Lösung, sondern selber das Problem. Alle, auch die menschenfreundlichste und erhabenste, Universalethik, die zur imperialen Idee wird, hält ein geladenes Gewehr in der Hand. Sie könnte bei den Religionen Rat suchen, die, soweit sie nicht bei Stammesgöttern verweilen, ebenfalls ihren universellen Wahrheitsanspruch nicht preisgeben können, ohne sich selber aufzugeben, und doch mit anderen zusammenleben müssen. Schon das »Handbuch theologischer Grundbegriffe«[29] belehrt über »Toleranz« als »Existential des konkreten In-der-Welt-Sein« und deshalb als »primär *politisches* Thema«. Diese Toleranz hat nichts mit dem Indifferentismus zu tun, der Probleme lediglich negiert. Gerade weil sie ein politisches Thema ist, ist sie kein absoluter Wert, ist es Sache differenzierender Politik mit all ihren Fallstricken, jeweils ihre Grenzen und ebenso die Tragweite imperialer Ideen zu bestimmen. Nicht zuletzt ist es die Geopolitik, die hier gerade nicht als Werkzeug der Aggression fungiert, sondern im Gegenteil dafür sorgt, »daß die Kirche im Dorf bleibt«. Das »Interesse« als das, was mich unmittelbar angeht, ist nicht die schlechteste Richtschnur.

Denn Ideen oder Ideologien können allein nichts bewirken oder gestalten; sie können weder streiten noch Frieden schaffen. Das können nur organisierte Gruppen, Parteien oder Staaten, indem sie sich die Idee als imperiale Idee, bescheidener: als Leit- und Führungsgedanken, wie ihn jedes Großunternehmen braucht, zu eigen machen. Damit geht es nicht nur um »Durchsetzbarkeit« und »Machbarkeit«, sondern auch um Prioritäten und Interessen, um Kompromisse und auch um Aporien. Als imperiale Idee vermischt sich ein Prinzip, gerade wenn es ernst genommen wird, mit den anderen Prinzipien und Voraussetzungen, die zum *imperium* gehören, vor allem dem der Sicherung der eigenen Existenz. Das war bereits bei Schwedens Gustav Adolf zu sehen. Als konkrete Politik in konkreten Räumen wird noch die idealistischste Vorstellung, sobald sie aus dem *Luftreich des Traums* (H. Heine) herabsteigt, in die Geopolitik gezwungen. Auch Heine sah den Liktor mit dem Richtschwert hinter sich – *ich bin die Tat von deinem Gedanken.*

Bemerkenswerterweise entstammen zwei aporetische, einander im Grunde ausschließende Begriffe des Völkerrechts, nämlich der der Nichteinmischung in innere Angelegenheiten und der des Rechts der Staaten auf Kriegführung (als besonders intensive Form der »Einmischung«), ein und demselben Prinzip, nämlich dem der *souveränen Gleichheit* (UN-Charta). Da muß es also einen Zusammenhang geben.

Als Weltordnung ist die Völkerrechtsordnung universal angelegt. Der Universalist neigt deshalb dazu, von oben nach unten zu denken und regionale Zusammenschlüsse oder sogar die einzelnen Staaten als Unterorganisationen anzusehen, denen nur die Rechte zukommen, die ihnen von »oben«, von der Völkergemeinschaft und den Vereinten Nationen gewährt werden. Tatsächlich verhält es sich, weil Weltordnung Raumordnung ist, gerade umgekehrt, wie schon der Name der »Vereinten Nationen« besagt und im Begriff der souveränen Gleichheit deutlich wird: Die Weltordnung ist subsidiär angelegt, baut von unten nach oben auf.

Dieses Subsidiaritätsprinzip enthält als weiteres Prinzip das des Föderalismus, das übrigens in den Verfassungen der Vereinigten Staaten oder der Bundesrepublik Deutschland gleichen Rang hat wie das demokratische oder das Rechtsstaatsprinzip. Selbst der eifrigste Verfechter eines Weltstaats wird ihn sich nur als Bundesstaat vorstellen. Ein Gliedstaat (auch ein Glied der Staatengemeinschaft) hat ein eigenständiges Existenzrecht, das er gegen andere und auch gegen die Föderation geltend machen darf. Und Staaten dürfen sich nicht nur vereinigen oder zu supranationalen Zusammenschlüssen wie der Europäischen Union zusammenfinden.

Auch das alte Rechtsinstitut des »Bündnisses« ist kein nur in Ausnahmefällen statthaftes Überbleibsel vergangener Zeiten, sondern »normales« Instrument staatlichen Handelns. Weder die Staaten noch ihre Zusammenschlüsse sind bloße Unterorganisationen eines wie immer gearteten »Weltregiments«. Nach wie vor entscheiden sie autonom über ihre Politik. Das ist unbequem und risikoreich, aber unumgänglich.

Keine Weltordnung wird zulassen können, daß jeder jedem jederzeit hineinredet. Zwischen schrankenlosem Interventionismus, der allerdings auch der größten Macht physisch unmöglich wäre, und monadenhafter Abkapselung eisenklirrender »Großräume« das *juste milieu* zu finden, bleibt einstweilen wechselnden Launen des Zeitgeistes überlassen und ist als Problem kaum angedacht. Dazu müßte allerdings die Staatstheorie die Höhe erreichen, die sie hatte, bevor die Sozialwissenschaften sich ihrer bemächtigten und sie banalisierten. Raum und Raumordnung werden dabei eine größere Rolle spielen als universalistisches Denken ihnen zubilligt.

Für Deutschland würde einstweilen genügen, sich in dem Raum umzusehen und einzurichten, in den es gestellt ist. Und da ist offensichtlich, daß, gerade wenn die »Westbindung« als gelungen betrachtet werden kann, sein eigentlicher *challenge*, seine Aufgabe im »Osten« liegt. Das ist keine »Abkehr vom Westen«, aber auch keine Position als »westlicher Vorposten«, weil es nicht um Abwehr, sondern um Gestaltung geht. Es geht nicht um »Führungsmacht« und schon gar nicht wegen einer angeblichen, aber so gar nicht vorhandenen »Mittellage« um die Mittlerrolle eines »Wanderers zwischen beiden Welten«. Es geht um etwas ganz Simples und Elementares: Deutschland kann sich an seinen Grenzen Zonen der Unsicherheit nicht leisten.

Vielleicht bedarf die Welt insgesamt der Rettung; ob die Deutschen sie retten würden, ist noch die Frage. Weltpolitische Verantwortung bedeutet nicht, nach Pfadfinderart um den Globus zu wetzen, um alte Damen über Straßen zu führen, die sie vielleicht nicht einmal überqueren wollen. Die neuerlich wiederentdeckte Globalisierung von Politik und Wirtschaft ist keineswegs eine neue Entwicklung, sondern seit weit mehr als einem Jahrhundert im Gange, wie Karl Marx schon 1858 konstatierte.[30] Zur selben Zeit entwickelte sich aus dem alten europäischen Staatensystem etwas ganz anderes, nämlich ein Weltstaatensystem. Auf diese Dichotomie von sich vereinheitlichender Weltwirtschaft und einer sie administrierenden pluralen Staatenwelt hat Arnold Toynbee vor nun auch schon mehr als einem halben Jahrhundert aufmerksam gemacht. Es handelt sich um keinen Konstruktionsfehler, sondern um ein Konstruktionsprinzip, nach dem jeder Staat und jede Region zwar an der Globalität teilhat, aber gegenüber der Völkergemeinschaft in erster Linie für die eigene »Weltprovinz« verantwortlich ist.

Deshalb müssen sich die Deutschen mit der Raumrevolution vor ihrer Haustür auseinandersetzen. Wenn schon in unserem Teil des »Europäischen Hauses« Unfrieden und Unordnung herrscht, brauchen wir vor anderen Türen nicht mehr zu kehren.

Das wird als Aufgabe noch unzureichend wahrgenommen. Der Blick reicht kaum bis zur Oder. Es stimmt ja, daß schon die »neuen Bundesländer« Probleme mit einer »Befindlichkeit« haben, die miefigen Schlendrian, Glaubens- und Verantwortungslosigkeit für bewahrenswerte Errungenschaften hält. Das ließe sich eine Weile mitschleppen in der Erwartung, daß andere Rahmenbedingungen es mit der Zeit erledigen. Aber so anders war im »Westen« die Sozialisation in den Nischen des kalten Krieges am Ende doch nicht, während die »Verwestlichung« auch dafür sorgte, daß Mailand näher als Leipzig, geschweige denn Lodz oder gar Riga lag. So muß das »Rüstzeug« erst entwickelt werden. Zweifellos wird die »Welt nach 1989« mehr an Anstrengung verlangen. Daß die Welt überhaupt ungemütlich und anstrengend ist, das wenigstens war früheren Generationen geläufig.

Zwischeneuropa?

Für die nach 1989 sichtbar gewordenen Konflikte wird ebenso wie für die nach 1919 »Nationalismus« verantwortlich gemacht. Was immer das sein mag, es handelt sich entgegen verbreiteter Meinung um keinen Rückfall in überwunden geglaubte Zeiten. Gerade die »fortschrittliche« Weltöffentlichkeit sah nach dem zweiten Weltkrieg *nation building* als Heilmittel gegen die Übel von »Imperialismus« und »Kolonialismus« und bejubelte die Gründung jedes noch so lebensunfähigen Zwergstaates – vor wenigen Jahren noch Namibias – als Akt der Befreiung. In der Tat besteht ein nicht auflösbarer Zusammenhang zwischen Nation und Demokratie: Wie wäre Demokratie denkbar ohne den »Souverän« eines Staatsvolkes, wie immer es sich definiert?

Das Problem ist nicht, daß es Nationen gibt, sondern wie sie sich zueinander verhalten. Dabei geht es nicht nur um Menschenrechte und Völkerrecht, um Zusammenarbeit und die friedliche Beilegung von Konflikten. Das ist ja alles richtig, aber zunächst kaum mehr als eine Ermahnung zu Wohlverhalten wie eine Kanzelpredigt gegen die Sünde. Schon ein Stichwort wie »Balkanisierung« zeigt, daß es um die Ordnung konkreter Räume geht.

Oscar Halecki hatte seinen auf Polen zugeschnittenen Begriff von »Ostmitteleuropa« ausdrücklich auf nichtdeutsche Gebiete des Ostsee- und des Donauraums beschränkt. Das entsprach dem, was nach den Vorstellungen von Versailles als *Cordon sanitaire* gegen die Sowjetunion, aber auch gegen eine »deutsche Gefahr« gedacht war, einer doppelten Frontstellung Polens als »Schutzschirm des Abendlandes« und zur Abwehr deutschen »Drangs nach Osten«. Damit wurden jedoch zwei »raumfremde« Mächte, eben Deutschland und die Sowjetunion, zu den Determinanten dieses Raumes, der sich also paradoxerweise nicht durch sich selbst, sondern durch sie definierte, was den abschätzigen Begriff eines bloßen »Zwischeneuropa« ebenso nahelegt wie die höchst ungemütliche Vorstellung eines Schraubstocks, in dem es eingeklemmt ist. Die Gefahr einer *self-fulfilling prophecy* ist mit Händen zu greifen, zumal die ehemaligen »Teilungsmächte«, auf deren Kosten dieser Raum entstanden war, geradezu animiert wurden, ihn als gegnerisch, lästig und überflüssig zu betrachten. Damit befand sich das auferstandene Polen, *Polonia restituta*, wieder in der Situation, in der es sich im 17. Jahrhundert – durch Katholizität, Nationalismus, gleichviel – im eigenen Raum isolierte, und unter der Drohung der prophetischen Worte des Königs Johann Kasimir.[31]

Nach dem barbarischen Zwischenspiel erneuter Teilung und deutscher Okkupation ergab sich 1945 wiederum ein *déjà vu*, nämlich ein russischer *informeller Imperialismus*, der die staatliche Fortexistenz Polens von seinem Wohlverhalten gegenüber sowjetischen Wünschen abhängig machte. Nach den Erfahrungen zwischen 1939 und 1945 ebenso wie angesichts der polnischen »Westverschiebung« gebot politische Vernunft über Jahrzehnte einen breiten polnischen Konsens, dies als »geringeres Übel« zu akzeptieren. Als die »Solidarnosc«-Bewegung, wieder ein *déjà vu*, diesen Konsens aufkündigte, hatte der »Westen«, der das sowjetische Imperium als feste und bleibende Größe ansah, am wenigsten Anlaß, General Jaruszelski wegen des von ihm verhängten »Ausnahmezustands« zu verdammen. Denn er handelte entsprechend seinen »Lehren aus der Geschichte«, nach denen Polen seine bescheidenen, aber durchaus vorhandenen Freiheiten nach 1830 verlor, weil seine Intellektuellen mit dem »Möglichen« nicht zufrieden waren. Ob das Risiko sowjetischen Eingreifens groß oder gering war – eine westliche Gesellschaft, die ihrerseits jedes Risiko scheute, wäre ihm nicht zu Hilfe geeilt.

In den Anfängen der westlichen Entspannungspolitik

Mitte der sechziger Jahre galt noch als Ziel, vorsichtig die Selbständigkeitsbestrebungen der sowjetischen »Satelliten« zu fördern. Die sowjetische Führung sah das nicht zu Unrecht als Bedrohung des eigenen Imperiums und schritt zu Gegenmaßnahmen, die als »Breschnew-Doktrin« quasi völkerrechtlichen Charakter als »Interventionsverbot für raumfremde Mächte« durch einen »Großraum« im Sinne Carl Schmitts erhielten. So wurden deutsche Versuche blockiert, unter Umgehung von Sowjetunion und DDR mit einzelnen östlichen Ländern engere Beziehungen herzustellen; es blieb bei dem bereits als Außenseiter markierten Rumänien.

Daraus ließ sich die Konsequenz ziehen, daß Beziehungen zu Osteuropa allenfalls *pari passu* zur Sowjetunion und zur DDR möglich schienen, praktisch aber die Beziehungen zur Sowjetunion Vorrang erhielten. Es schmeichelte freilich deutschen Ambitionen, um die andere »Supermacht« nicht herumzuschleichen, sondern mit ihr quasi von Großmacht zu Großmacht zu verhandeln; erst recht aber lag es im sowjetischen Interesse, die »Einheit« ihres »Lagers« zu sichern. Wahrscheinlich wäre eine andere Ostpolitik nicht möglich gewesen. Aber eine Folge war die, daß 1970 der Abschluß des Warschauer Vertrages hinter den des Moskauer Vertrages hinausgeschoben und sein Wert für Polen dadurch verringert wurde, daß der Passus über die polnische Westgrenze als Nebenprodukt der Verhandlungen mit Moskau erschien. Polen fand sich damit ab; doch bei anderer Reihenfolge hätten die nach der »Wende« entstandenen Querelen um einen nachzubessernden deutsch-polnischen Vertrag sich erübrigt.

Das blieb symptomatisch für eine westliche Betrachtungsweise, für die die nichtrussischen Räume des sowjetischen Machtbereichs keine eigenständige Bedeutung mehr hatten, sondern nur dessen mehr oder minder widerwillige Anhängsel waren. Zwar kam der Ausdruck »Satellit« außer Mode, aber mehr deshalb, weil die sowjetischen Herrschaftsstrukturen lieber ignoriert als angeprangert wurden. Für westliche Regierungen gab es immerhin gute Gründe der »Staatsräson« und der »Realpolitik«, sich mit Dissidenten nicht einzulassen; Regierungen haben es nun einmal mit anderen Regierungen zu tun; Destabilisierung des Regimes sahen sie nicht als ihre Aufgabe an, zumal das eine Büchse der Pandora öffnen konnte. Für eine Öffentlichkeit, die solche Rücksichten nicht zu nehmen hatte und sich gern auf überlegene Moral berief, galt das nicht. Aus lauter »Friedensliebe« machte sich die europäische Linke einer *trahison des clercs* schuldig, die ihr Selbstbewußtsein nachhaltig erschüttern müßte – Metternich als *ihr* Vorbild? Ihre Sympathien für »Prager Frühling« oder »Solidarnosc« erreichten nicht einmal die Ausmaße der Polenbegeisterung von 1830 und erst recht nicht die für »Glasnost« und Gorbatschow. Und wer an die baltischen Staaten erinnerte, galt als Unruhestifter, Reaktionär oder gar Kriegstreiber. Die Fixierung auf die Sowjetunion, die die anderen Warschauer-Pakt-Staaten zur *quantité négligeable* machte, trug zu der Überraschung darüber bei, wie schnell sich dieses Imperium auflöste.

Daran hat sich seit der »Wende« wenig geändert. Zwar ist es nicht mehr möglich, diese Länder zu ignorieren. Auch gelten sie als »befreit«, sind aber nun einfach der Raum, den die Sowjetunion aufgegeben hat. Gerade die gutwilligen Versuche, das Verhältnis dieser Länder zur NATO oder zur Europäischen Union zu ordnen, zeigen den Mangel an Verständnis für die Eigenständigkeit dieser Räume. Sie stellen sich, ob man sie Visegrad-Staaten oder anders nennt, nach wie vor als ein »Zwischeneuropa« dar, von dem man nicht recht weiß, was mit ihm anzufangen ist.

Doch es ist gerade die Frage, ob das mit dem »Zwischeneuropa«, dem zwischen Ost und West eingekeilten *Cordon sanitaire* je ganz gestimmt hat. Die Sache sieht nämlich anders aus, wenn wir von der Ostsee aus auf unsere heutige Landkarte blicken. Es hatte seinen Grund, daß wir uns so lange mit dem 17. und 18. Jahrhundert befaßt haben. Unsere Landkarte sieht der damaligen nämlich recht ähnlich. Und sie sieht vernünftiger aus als die bis vor kurzem gültige.

Evident ist die Westverschiebung Polens. Vergessen wir für einen Augenblick, daß es sich um einst deutsches Siedlungsgebiet, deutsches Erbe handelt: Pommern und das »königliche« wie das »herzogliche« Preußen gehörten zu der für eine *translatio imperii* wichtigen »Verfügungsmasse« und haben verschiedenen »Reichen« angehört, dem polnischen, schwedischen und dem preußischen, ohne daß die »ethnische« Zugehörigkeit eine Rolle spielte. (Das galt wohl auch für Schlesien, das selber kaum dem Ostseeraum zuzurechnen ist.)

Daß über die polnische Westgrenze die »Geschichte« entschieden und das vereinigte Deutschland dies förmlich anerkannt hat und keine Neigung zeigt, es wieder in Frage zu stellen, ist wichtig, in dieser Form aber ein Allgemeinplatz. Gewiß gehört zur Befriedung, Polen den Alptraum zu nehmen, gleichsam ein Staat auf Rädern zu sein. Zugrunde liegt jedoch: Ein preußischer Staat wäre ohne Ost- und Westpreußen, Pommern und Schlesien weder denkbar noch lebensfähig; nicht deutsche und polnische Nation, wohl aber preußischer und polnischer Staat schlossen sich, wie auch Bismarck urteilte, in dem Maße gegenseitig aus, wie sie dasselbe Territorium beanspruchten. Nachdem Preußen auch als Kern oder Gerüst eines deutschen Nationalstaats nicht mehr existiert, sondern, wann und wie immer, »in Deutschland aufgegangen« ist und der Schwerpunkt Deutschlands sich nach Westen verlagert hat, war diese Amputation, so schmerzhaft sie gewesen sein mag (aber ein Verzicht, der nicht schmerzt, ist nichts wert), nicht mehr lebensbedrohlich und stellte nicht einmal an der Ostsee die deutsche Position in Frage, die sich dort vielmehr durch die Wiedervereinigung verstärkt hat.

Neben dieser doppelten Westverschiebung steht, vielleicht noch wichtiger, im deutsch-polnischen Verhältnis die Befreiung von dem jeweiligen spiegelbildlichen *cauchemar des coalitions*. Solange Preußen/Deutschland in Frankreich seinen Hauptgegner sah, solange gebot preußische *ratio imperii* zu verhindern, daß Frankreich sich mit Rußland verbündete. Und wenn Polen seinerseits Frankreich als Verbündeten suchte, dann ergab sich fast zwingend eine »deutsch-russische Freundschaft« auf Kosten Polens, wie dies der General v. Seeckt in den zwanziger Jahren formulierte. So oder so lag der lange Schatten Rußlands über Deutschland wie über Polen.

Wenn so elementare strategische Überlegungen im deutsch-polnischen Verhältnis nicht mehr greifen, dann nicht, weil sie als Inventar des 18. oder 19. Jahrhunderts überholt wären, sondern weil sie sich durch die deutsch-französische »Aussöhnung« (ein im Grunde unpassender Ausdruck, weil es nicht darum geht, jemandem »böse« zu sein oder nicht, sondern um klare politische Entscheidungen) und die deutsche Einbindung im westlichen Bündnis erledigt haben. Daß die Deutschen in die gemeinsame Verteidigung gegen eine sowjetische Bedrohung und *pari passu* in die europäische Integration einbezogen wurden, ist nur eine Seite der Sache. Fast wichtiger ist die strategische Revolution, die sich für sie daraus ergab, die Befreiung von dem *cauchemar des coalitions*, der Furcht vor der Einkreisung, der die preußisch-deutsche Politik so lange determiniert oder deformiert hatte. Und dieser *cauchemar* ist nicht nur von ihnen genommen, sondern auch von dem dadurch in jeder Hinsicht »befreiten« Polen, das nicht mehr nach Verbündeten im Rücken Deutschlands Ausschau halten muß noch kann und trotz Schirinowskij nicht mehr zu fürchten braucht, daß es seinerseits »eingekreist« oder dem russischen »langen Schatten« zum Opfer gebracht wird. Die große Bedeutung, die die deutsch-französische Verständigung als entscheidendes *renversement des coalitions* für die Gestaltung Europas hat, gilt auch für das deutsch-polnische Verhältnis, das von ähnlicher Bedeutung ist. Sie hat Polen ermöglicht, sich von der *Devil's Alternative* zu befreien, seine staatliche Existenz in der »östlichen« Einbindung zu suchen, in der allein es die Sicherheit seiner Westgrenze gegenüber einem »revisionistischen« Deutschland zu finden glaubte. Damit sind Polen wie Deutschland gleichermaßen in der Lage, ihr Verhältnis zueinander statt nach »raumfremden« Gesichtspunkten von ihrer »Raumgemeinsamkeit« her zu ordnen. Hier wieder von »Aussöhnung« zu sprechen, mag nützlich und heilsam sein; aber es wäre falsch und vielleicht gefährlich, den Blick auf das bilaterale Verhältnis zu beschränken. Auch Frankreich und Deutschland wußten, daß es mit ihrer auch um Europas Zukunft ging; und dieses Bewußtsein mag den einen wie den anderen Schritt erleichtert haben.

In der deutschen Diskussion über »Mittellage« wird die Existenz Polens kaum wahrgenommen. Aber immerhin ist die geographische Mitte Europas irgendwo in Litauen zu suchen: Die »Mitte«, das »Herzland« des Ostseeraumes, ist Polen. Schon vor Jahren mahnte Karl Schlögel: »Die Mitte liegt ostwärts.« Es ist unbegreiflich, wie diese Zentrallage, diese zentrale Bedeutung Polens bis zum heutigen Tage verkannt wird – sogar in Polen und trotz (oder gar wegen?) der Sympathien und Aufmerksamkeit, die dieses Land fand und findet. Hier wirkt nach, daß Polen über ein Jahrhundert als Staat von der europäischen Landkarte verschwunden war und, soweit es überhaupt Aufmerksamkeit fand, diese sich auf seine »Opferrolle« konzentrierte, darauf, was mit ihm geschah und ob es als Staat auferstehen könne und solle, nicht aber darauf, welche Rolle diesem Staat denn eigentlich zukomme.

Es mag die Tragik nicht nur der polnischen Geschichte, sondern der des gesamten Ostseeraumes begründen, daß schon die alte Großmacht Polen ihr Gesicht von der Ostsee abkehrte und nach Osten wandte. Dafür gab es Gründe: Die

Rolle Polens als »Schirm des Abendlandes«, die zugleich dem landhungrigen polnischen Adel die sarmatische Weite, die Flächen Wolhyniens, Podoliens und der Ukraine attraktiver erscheinen ließ als Baltikum oder Weichselmündung, wo er sich mit aufstrebenden Städten und einem kräftigeren Bauerntum auseinandersetzen müßte. Es ist evident, daß Polen sich damit seinen eigenen Kraftquellen (und im Grunde sogar »Europa«) entfremdete und zugleich im Osten nicht stärkte, sondern schwächte, weil es sich auf ein ungewisses und kräftezehrendes, aber selbst im günstigen Falle wenig Gewinn versprechendes Ringen mit »Moskau« einließ. Die steckenbleibende Reformation besiegelte dieses Schicksal, ließ Polen gewissermaßen aus seinem eigenen Raum herausfallen. Auch dem Nicht-Polen muß erlaubt sein, diese polnische Daseinsverfehlung festzustellen.

Translatio imperii als logische Folge, wenn »die Natur kein Vakuum duldet«. Offensichtlich hingen Erfolg oder Mißerfolg auch anderer Reichsbildungen an der Ostsee davon ab, in welchem Maße sie sich nicht in Polen schlechthin, sondern im Kern dieses »Herzlandes« etablierten, im Baltikum und im »königlichen« oder »herzoglichen« Preußen, also dort, wo wir von einer »imperialen Verfügungsmasse« sprachen. Simple Überlegung: Hätte sich Schweden an der Weichselmündung, im »königlichen« Preußen so festsetzen können, wie es das wollte, im Frieden von Oliva 1660 aber nicht erreichte, dann wäre fünfzig Jahre später Karl XII. von Schweden mit Peter dem Großen vielleicht fertiggeworden, weil er keine Kraft und Zeit auf die Wiedergewinnung dieser Basis hätte verschwenden müssen.

Nunmehr aber ist Polen »auferstanden«, *Polonia restituta*, und zwar mit einer so langen preußischen und pommerschen Küste, daß es seinen Blick der Ostsee wird zuwenden, seinen lange vakanten Platz als Ostseemacht wird einnehmen müssen, während ihm bei allen Sorgen um seine Ostgrenze »sarmatische« Ambitionen doch wohl fernliegen. Weil Demokratie nicht ohne Introvertiertheit des Blicks zu haben ist, wird es nicht einfach sein, aber dennoch notwendig, daß Polen sich über die Folgen dieser Rückkehr, über seinen Platz in dem Raum, dem es an zentraler Stelle angehört, klar wird. Denn wenn das Zentrum nicht funktioniert, seine Aufgaben nicht wahrnimmt, dann wird das exzentrisch, von der Peripherie her versucht werden und sogar versucht werden müssen; aber offensichtlich ist das schwierig und wieder mit der Gefahr verbunden, daß der gesamte Raum aus der Balance gerät.

Damit wird auch Deutschlands Aufgabe als Ostseemacht klar: Polen nicht nur nicht zu hindern, sondern ihm dazu zu verhelfen, den ihm zukommenden zentralen Platz bei der Einrichtung des Ostseeraums einzunehmen. Anderenfalls wird es im Ostseeraum und auch für Deutschland weder Stabilität noch Sicherheit geben. Das deutsche Verhältnis zu Polen darf sich also nicht in »guter Nachbarschaft«, vergangenheitsbezogener Opfer-Täter-Relation oder genereller Sympathie für postkommunistische »Reformstaaten« erschöpfen. So unangenehm und ungewohnt das für das Deutschland von heute sein mag: Es muß sich »konkretes Ordnungsdenken« angewöhnen, ein Schulfall für den Zusammenhang von »Interessen« und »Verantwortung«. Wer darin »Hegemonialgelüste« sieht, hat nichts begriffen.

Denn bisher hat die deutsche Politik gegenüber Polen gerade nicht gezeigt, daß sie bereit wäre, Polen den ihm gebührenden Platz zu geben, seine zentrale Rolle in diesem Teil Europas auch nur wahrzunehmen. Sie hat vielmehr aus der Zeit des kalten Krieges in einer für Polen kränkenden Weise die Politik beibehalten, ihren Beziehungen zu Rußland den Vorrang und Polen allenfalls einen – zweifelhaften – zweiten Platz einzuräumen.[32] Dieses Denken verrät unter anderem ein Beharren auf einem reinen Ost-West-Schema. Es weiß nicht, daß Polen nicht nur – das wird zur Not noch wahrgenommen – »Nachbar« ist, sondern sich mit Deutschland in einer Schicksals- und Raumgemeinschaft befindet, die mit generellen »europäischen« Kategorien nicht erfaßt, sondern undeutlich gemacht wird. Es reicht nicht, nur über einen NATO- oder EU-Beitritt Polens nachzudenken.

Als von der Sowjetunion freigegebener Raum ist in seinen äußeren Umrissen das alte Jagiellonenreich, das polnisch-litauische Großreich, das ein Vielvölkerstaat war, praktisch wiederhergestellt. Von der Ostsee betrachtet, würde eine solche »Jagiellonische Föderation«, die unter anderem einen erheblichen Teil der Ostseeküste kontrollierte, sinnvoll, logisch und recht imposant erscheinen; niemand käme dann auf den Gedanken, von einem »Zwischen«- oder »Resteuropa« zu sprechen. Auch die baltischen Republiken erschienen nicht mehr als »Randstaaten«, sondern als natürliche Verlängerung der Ostseeflanke dieses Raums. Um diese Mitte des Ostseeraumes herum gruppieren sich dann die anderen Ostseeanrainer einschließlich der skandinavischen Staaten, die es im »heroischen« Teil ihrer Geschichte oft zu ihr gezogen hat.

Aber natürlich ist das heutige Polen nicht »jagiellonisch«, sondern »nationalpolnisch« bestimmt; als »Reich« hat es sich zurückgenommen, wie auch andere »Reiche« es mußten. Doch bleibt es zu groß, um seine Zukunft in selbstgenügsamer Existenz zu finden.

Unzweifelhaft gehören in den »jagiellonischen« Raum Litauen und die baltischen Republiken, denen der Wunsch nach weiterer Assoziierung mit Rußland nicht nachgesagt werden kann. Und ebenso gehört dazu die russische Enklave um Königsberg, die als Überrest des sowjetischen Imperiums ohne erkennbare Funktion ziemlich beziehungslos im Raum steht und deren Zukunft Polen keineswegs gleichgültig lassen, als russischer Militär- und Marinestützpunkt vielmehr weiterhin beunruhigen wird. Da dort auch ein deutsches Interesse – und sei es nur ein »Affektionsinteresse« – besteht, könnte dieser Ansatzpunkt geradezu zum Prüfstein künftiger Gemeinsamkeiten werden.

Dagegen ist die künftige Zugehörigkeit Weißrußlands und der Ukraine nicht klar. Zwar handelt es sich um Gebiete, die als »jagiellonisches« Erbe stärker und früher »westlich« beeinflußt waren als das eigentliche »Großrußland«. Vor allem in der Ukraine gibt es seit geraumer Zeit Eigenständigkeits- und Unabhängigkeitsbestrebungen, die allerdings weite Teile des heutigen ukrainischen Staates nicht erfaßten. Bei Weißrußland läßt sich fragen, ob es seine Selbständigkeit nicht mehr aus Versehen erlangt hat. In der »sarmatischen Weite« sind die Grenzen fließend und die Zwischenzonen breit. Es bleiben Zweifel, ob in beiden Fällen die zum *nation-building* erforderliche Homogenität vorhanden ist oder ob es sich um temporäre lokale Machtzentren handelt, wie sie zu einer »Zeit der Wirren« gehören. Auch im russischen Bürgerkrieg nach 1917 entstanden Regierungen und Gegenregierungen, eine »sibirische« oder eine »nordrussische« ebenso wie eine »ukrainische«, die von den siegreichen Bolschewiken dann beseitigt wurden. Auch ließe sich an die chinesischen *Warlords* der zwanziger Jahre denken. Vielleicht geht es nur um eine Abkehr vom traditionellen Zentralismus, um eine Föderalisierung, wie sie schon die verschiedenen sowjetischen Verfassungen theoretisch vorsahen – die Konfliktlinien folgen ja weitgehend den Grenzen, die zwischen den *sowjetischen* »Unions«- oder »autonomen« Republiken gezogen wurden.

Mithin ist nicht entschieden, ob Weißrußland oder die Ukraine sich künftig in einen wie immer gestalteten »jagiellonischen« Raum einordnen, eine eigene »Zwischenzone« bilden oder, wahrscheinlicher, sich wieder nach Moskau orientieren werden, die lange gesamtrussische Gemeinsamkeit sich als das stärkere Element erweist und sie als eigenständige Glieder für den Ostseeraum, dem sie allenfalls akzessorisch, nämlich im Falle »jagiellonischer« Ausprägung, angehören würden, nicht in Betracht kommen.

Ist Rußland noch eine Großmacht?

Rußland ist schwer angeschlagen. Dramatischer und einschneidender als die deutsche oder polnische »Westverschiebung« sind die Veränderungen in der ehemaligen Sowjetunion, das Rückgängigmachen fast aller petrinischen und postpetrinischen Erwerbungen Rußlands, das auf den Stand des kurzlebigen Friedens von Brest-Litowsk 1918 und den Stand vor dem Frieden von Nystad 1720, auf das »Großfürstentum Moskau« zurückgeworfen ist. Wie dieses Rußland seine Erwerbungen im Kaukasus und in Zentralasien preisgeben mußte, gab es die baltischen Staaten ebenso auf wie die Ukraine und Weißrußland, ein atemberaubender Vorgang, der noch vor wenigen Jahren um so weniger für möglich gehalten worden wäre, als er sich zunächst fast ohne Blutvergießen vollzog.

Von der alten Groß- und »Teilungsmacht« Rußland wird erwartet, daß es auf das Ergebnis einiger Jahrhunderte verzichtet. Wem Schlesien oder Ostpreußen nichts bedeuteten, kann auch nicht nachvollziehen, was damit abverlangt wird und daß das nicht ohne Schmerzen geht, russisches Nationalgefühl beschädigt. Auch in der Weimarer Republik war die Ablehnung von »Versailles« keine Sache von »Rechtsextremisten«, sondern Grundkonsens: Selbst »Erfüllungspolitiker« wollten die Revision eines unerträglichen Diktats, den Nachweis, daß seine Bedingungen trotz besten Willens unerfüllbar wären.

Der Hinweis auf »Versailles« ist schon deshalb nicht unangebracht, weil der vorangegangene deutsch-russische Frieden von Brest-Litowsk, auf dessen Stand Rußland jetzt zurückgeworfen wird, als ungerechtes Diktat des deutschen Militarismus galt und wenn nicht als Vorbild des Versailler

Vertrags, dann als Zeichen dafür, wie ein siegreiches Deutschland mit seinen Gegnern umging und daher kaum Grund hätte, sich zu beklagen. Umgekehrt saß der Schock von Versailles in Deutschland so tief, weil Brest-Litowsk kurz zuvor seine größte Machtausdehnung dokumentiert hatte, so wie Rußland jetzt aus nie zuvor erreichter imperialer Höhe herabstürzte. Auch die Parallele des *Im Felde unbesiegt* ist nicht zu übersehen, die in Deutschland zur *Dolchstoßlegende* führte: Der in dieser Schnelligkeit unerwartete Zusammenbruch des sowjetischen Imperiums war erst recht keine in ihrer Kausalität eindeutige Folge klarer äußerer Niederlage. Mit solchen Ähnlichkeiten soll kein deutsch-russischer »Sonderweg« proklamiert, sondern im Gegenteil darauf hingewiesen werden, daß gleiche Lagen zu gleichen Reaktionen führen und im Verhältnis von *challenge* und *response* die Möglichkeit einer »falschen« Antwort stets einprogrammiert ist.

Jedenfalls ist die Annahme irrig, daß nur Chauvinisten und »Ewiggestrige« einem »sowjetischen Imperium« nachtrauern. Ein nur »russischer« Patriotismus kann einräumen, daß der Kommunismus ebenso ein (dazu noch »westlich« inspirierter) Irrweg war wie die Zwangsjacke von »sozialistischem Lager« und Warschauer Pakt. Insofern können sich Russen gleichermaßen als »Opfer« sehen und in Anspruch nehmen, ihr »Imperialismus« habe sie nur zu erheblichen Opfern zugunsten wenig dankbarer Verbündeter und Hilfsvölker gezwungen. Aber das »moderne« Rußland ist nicht das »Großfürstentum Moskau«, sondern Erbe des petrinischen und katharinischen Rußland des 18. Jahrhunderts, selbst wenn die kaukasischen und zentralasiatischen Eroberungen des 19. außer Betracht bleiben. Schmälerung dieses Erbes geht an die Kernsubstanz, an die Wurzeln russischen Selbstverständnisses.

Jede russische Regierung, die nicht lebensmüde ist, wird sich hierauf einstellen und auf ein *juste milieu* der jeweiligen *ratio imperii* zubewegen. Das bedeutet zumindest, nach Möglichkeit zu bewahren, was an russischem Großmachtstatus noch vorhanden ist. Es hängt also nicht an einzelnen Personen, an die, sonderbare Abwandlung des »Persönlichkeitskults«, Hoffnungen oder Befürchtungen geknüpft werden, und auch wenn man, sicher grob simplifizierend, mit einem Rückgriff in die Geschichte von Slawophilen und Westlern spricht, läuft das eher auf einen Unterschied in der Methode als in der Zielsetzung hinaus.

Daß Demokratisierung und Verbesserung der Wirtschaftslage dies in den Hintergrund treten lassen würden, dürfte schon deshalb eine illusionäre Erwartung sein, weil im Gegenteil dadurch zur Zeit vielleicht stärker drückende Existenzsorgen beseitigt würden.

Daß schon jetzt »Sicherheitsinteressen« außenpolitisch für Rußland im Vordergrund stehen und militärische Kreise einflußreich sind, hat eine ganze Reihe von Gründen.

Jahrzehntelang gab es im »Westen« einen regelrechten Dogmenstreit darüber, ob die Sowjetunion prinzipiell offensiv eingestellt sei und die Weltrevolution anstrebe oder ob es sich bei ihr nur (noch) um eine defensive Macht mit ausgeprägtem, vielleicht übertriebenem Sicherheitsbedürfnis handle. Vor allem die europäische Linke einschließlich der Friedensbewegung und der sowjetischen Apologeten neigte zu der zweiten Auffassung, die das der kommunistischen Ideologie inhärente aggressive Potential allerdings ignorierte. Gerade wenn aber in den Ländern des Warschauer Paktes kein Sprungbrett für weitere Aggression, kein steckengebliebener Anlauf zur »Eroberung der Welt«, sondern ein für die russische Sicherheit unverzichtbares Glacis zu sehen gewesen wäre, stellt die Auflassung dieses Glacis russisches Sicherheitsdenken vor beunruhigende Probleme – erst recht, wenn es an dieser Peripherie nicht nur zu örtlichen Konflikten und Unruheherden, sondern zu sich (begreiflicherweise) »antirussisch« definierenden Nationalismen kommt.

Und dann gibt es bekanntlich die dem Raum verbliebenen Nuklearwaffen, deren Beibehaltung wie Beseitigung gleichermaßen Probleme aufwerfen, andererseits aber einen politischen Hebel bieten, der Aufmerksamkeit und Rücksichtnahme der verbliebenen »Supermacht« USA erzwingt.

Zudem bedürfen gerade in einer »Zeit der Wirren« Streitkräfte als »Prätorianergarden« pfleglicher Behandlung, weil die Regierung, je schwächer sie ist, sich wenigstens auf sie stützen muß und ihr kaum ein anderes Instrument verblieben ist. Wieder wird die »Versailles«-Parallele deutlich: Ohne Reichswehr und den General v. Seeckt hätte die Weimarer Republik weder 1919 noch 1923 überlebt, so problematisch das gewesen sein mag. Auch sie hatte mit ihrer Generalität Probleme. Es ist aber bemerkenswert, daß es weder in Deutschland damals noch bisher in Rußland zu der in anderen Weltgegenden gern praktizierten Militärdiktatur kam, obwohl Seeckt die »vollziehende Gewalt« in der Hand hielt (aber zurückgab) und in der Spätzeit der Sowjetunion ein Militärregime als nicht unwahrscheinliches Zukunftsszenario galt.

Wahr ist allerdings auch, daß der Zusammenbruch des Sowjetsystems ein nunmehr leerlaufendes geopolitisches Denken hinterlassen hat, weil außer dem diskreditierten Marxismus-Leninismus sonst nichts gelernt worden war. Als »Politikersatz« erhält dies angesichts des realen Machtverfalls den Charakter von Potenzphantasien.

Rußland mag sich heute in noch schlimmerer Lage befinden als die von Inflation, Kriegsfolgen, politischer Instabilität und Polarisierung bis zum offenen Bürgerkrieg gebeutelte Republik von Weimar in ihren ersten Jahren. Sicherlich ist es aber in besserer Verfassung als das von Krieg, Bürgerkrieg, »Kriegskommunismus« und Hungersnot total zerrüttete Rußland der Revolutionszeit. Und jenes Rußland hatte trotz kommunistischer Mißwirtschaft diese Lage nach etwa zehn Jahren überwunden. So läßt sich wiederum erwarten, daß sich die russischen Verhältnisse in irgendeiner Form stabilisieren werden.

Daß Umbruch- und Übergangszeiten von Raffgier, Schiebertum, Verarmung breiter Schichten, spezifischer Kriminalität und anderen unerfreulichen Erscheinungen begleitet werden, gegen die die Staatsgewalt machtlos ist oder die sie gar zu fördern scheint, ist wahrlich nicht neu. Das war in der französischen Revolution nach dem Ende der »Schreckenszeit« so, in Deutschland nach 1918 wie nach 1945 und selbstverständlich jetzt in den »neuen Bundesländern«. So war es auch im Rußland der »NEP-Zeit«, der »Neuen Ökonomischen Politik« Lenins, die, nach dem totalen Chaos der Revolution bei »Null« beginnend, dem Land doch binnen kurzem bemerkenswerte, wenn auch wegen des bald einsetzenden Stalinismus nur vorübergehende wirtschaftliche Erholung gewährte. Es gibt Gründe zu vermuten, daß die Alarm- und Horrormeldungen aus Rußland wichtigere, aber weniger ins Auge fallende positive Entwicklungen verdecken. So mag (wie in den »neuen Bundesländern«, wo allerdings ein in Osteuropa oder Rußland kaum vorhandenes »soziales Netz« existiert) gelten: »Die Lage ist besser als die Stimmung.« Solche Perioden pflegen nicht sehr lange zu dauern, wenngleich sie ihre Spuren hinterlassen.

Vergleichbarkeit mit der deutschen Lage »nach Versailles« besteht auch deshalb, weil Deutschland ebenfalls entgegen allem Anschein und trotz aller Demütigungen, Lasten und Einbußen eine Großmacht blieb. An diesem Status ist herumgemäkelt worden: Wie von der alten Bundesrepublik gesagt wurde, sie sei »wirtschaftlich ein Riese und politisch ein Zwerg«, wurde von der späten Sowjetunion behauptet, sie sei lediglich militärisch eine »Supermacht«, im übrigen aber ein Entwicklungsland. Mag sein. Doch auch die Vereinigten Staaten waren im Welthandel keine »Supermacht«, sondern befanden sich »lediglich« auf dem Niveau Japans oder der Bundesrepublik.

Der Begriff »Supermächte« hat Unheil angerichtet, weil er singularisiert, statt zu klassifizieren. Auch große Staaten sind von verschiedener Größe und Gewichtigkeit, in ihren Stärken oder Schwächen unterschiedlich entwickelt; ihr Einfluß und ihre Bedeutung bleiben nicht konstant, sondern hängen von temporären Faktoren und Konstellationen ab. Man kann sich, nicht ohne Mühe und mit vielen Fehlerquellen, an einer Rangfolge versuchen. Darauf kommt es jedoch nicht an, wenn es nur um die »Klasse« geht, um die Zugehörigkeit zur »Oberliga«, nicht aber um den Tabellenplatz. Daß das sich über zwei Kontinente erstreckende Rußland nach Umfang, Bevölkerung, Kultur und Potential weiterhin weltpolitische Bedeutung hat, läßt sich nicht leugnen. Es ist ziemlich unsinnig, Rußland »Großmachtchauvinismus« vorzuwerfen, wenn es zweifellos eine Großmacht ist.

Wenn ihr Status bestritten wird, mag das eine ihrer Sache sichere Großmacht ignorieren; aber eine unsichere und gedemütigte wird es zum Anlaß nehmen, weiterem Verfall ihrer Position entgegenzuwirken und sich mit Nachdruck Geltung zu verschaffen. Eigentlich bleibt unerfindlich, wieso diese elementare Psychologie ständig vernachlässigt wird. Man darf ja kritisieren und sich empören; man darf Partei ergreifen, sich aber nicht wundern, wenn die »Gegenpartei« Konsequenzen zieht. Ebenso anmaßend wie kränkend sind scheinbar wohlwollende Ratschläge, die einer Regierung unterstellen, sie habe sich die Sache wohl nicht überlegt oder sei nicht recht bei Trost. Wenn sie Wirkung haben, dann eher die, diese Regierung zu hindern, ein auch von ihr als verfehlt erkanntes Vorhaben aufzugeben, weil sie sich das unter dem Anschein äußeren »Drucks« nicht leisten kann.

»Sicherheit« ist nämlich nur das eine. Das andere ist die Ordnungsfunktion, durch die eine Großmacht sich definiert und die (aber nicht ausschließlich) im ständigen Sitz im Sicherheitsrat der Vereinten Nationen zum Ausdruck kommt, im Anspruch auf und in der Pflicht zur Mitsprache. Es wäre ein Verzicht auf diesen praktisch weltweiten Anspruch, wenn Rußland sich nicht mehr darum kümmern würde, was an seiner eigenen Peripherie geschieht. Insofern ist das Wort vom »nahen Ausland« zunächst nichts als nachdrückliches Erinnern an die *facts of life*. Es spricht für die realpolitische Schulung der aus marxistischen Kaderschmieden hervorgegangenen russischen »politischen Klasse«, diese Gesichtspunkte nie aus den Augen verloren zu haben. Wenn die bloße Definition eigener Interessen bereits als »Hegemoniestreben« verteufelt wird, mag daraus eine *self-fulfilling prophecy* werden. Natürlich besteht bei einer Großmacht, die wie im russischen Fall noch kaum wissen kann, worauf sie hinaus will, was ihre Leitidee ist, die Gefahr, daß sie dies mit ziellosem Aktionismus zu überbrücken sucht, um sich die ihr vermeintlich oder tatsächlich abgesprochene Geltung zu verschaffen.

Indessen zeigt der Vergleich mit »Weimar«, daß der – lernfähige – »Westen« nicht den Fehler von Versailles wiederholte und nie daran dachte, das »neue« Rußland als für die Sünden seiner Vorgänger haftenden Paria zu behandeln. Rußland kann sich weder über Mangel an Hilfe noch an Sympathie oder Vertrauensvorschuß für seine neue Führung beklagen. Daß die russische Stimme im Sicherheitsrat der Vereinten Nationen und in gesamteuropäischen Institutionen wie der OSZE gehört werden muß, gilt als Selbstverständlichkeit, ebenso, daß Rußland wichtiger Bestandteil jeder Weltordnung sein wird. So mit ihrem Gewicht herumzuwerfen wie Rußland es tut, hätte die Weimarer Republik wenige Jahre nach Versailles weder gewagt, noch wäre es ihr nachgesehen worden.

Damit wird aber Rußland vor ein Problem gestellt, das es bisher nicht hatte. Denn selbstverständlich kann dies kein russisches Mitspracherecht bei allem und jedem bedeuten. Auch das Geltendmachen von »Einflußsphären« ist keine Einbahnstraße. Die Sowjetunion sah sich nicht als Bestandteil einer Weltordnung, in die es sich einzufügen galt, sondern als Vormacht eines eigenen, nämlich des »sozialistischen

Weltsystems«, das mit dem »kapitalistischen Weltsystem« als dem »anderen« Großraum nur notgedrungen koexistierte. Sich in ein »Kollegium« einzuordnen, und sei es ein Kollegium von Großmächten, ist eine von Rußland noch zu erwerbende Erfahrung, die abermals mit Zurückstecken verbunden sein wird.

Sie wird nicht leicht zu gewinnen sein. Wenn ein doch erfahrener Diplomat wie Valentin Falin wie selbstverständlich von der Tradition einer (westlichen) antirussischen Politik als »Konstante« spricht,[33] ähnelt das einer etwas primitiven deutschen Traditionslinie, die zwischen »pro«- und »antideutsch« unterschied. Dann fühlt man sich schnell »verfolgt«. Eine Politik, die nur in »pro«- oder »antirussisch« einteilt, zeugt von mangelnder Fähigkeit zu normalen nachbar- oder gar partnerschaftlichen Beziehungen.

Trotz ihrer formellen Rückkehr in das »Konzert der Nationen« ist die zunächst noch sowjetische, dann russische Außenpolitik nach 1990 in der Tat der zuvorigen ähnlich und von bemerkenswerter Kontinuität. Mit ihrem Blockieren und Verzögern internationaler Entscheidungen – ob im Golf oder in Bosnien – und einem gewissen unberechenbaren Grobianismus, der Beachtung erzwingen will, unterscheidet sie sich nur graduell – und das nur wegen veränderter Machtverhältnisse – von dem permanenten *Njet* der Zeiten Molotows oder Gromykos.

Wie ist mit den Russen umzugehen? George F. Kennan hat seinen Landsleuten hierfür im Winter 1946 zehn Gebote mitgegeben, von denen die ersten drei besonders einschlägig sind:[34]

Tut nicht so, als ob ihr dicke Freunde wäret.
Setzt nicht Gemeinsamkeiten voraus, die es in Wahrheit nicht gibt.
Hütet euch vor einfältigen Gesten des »guten Willens«.

Dialog dient dazu, nicht nur Gemeinsamkeiten festzustellen, sondern die jeweiligen Interessen gerade in »Grauzonen« gegeneinander abzugrenzen. Dabei darf deutlich gesprochen werden; Mangel an Realismus und gesundem Respekt vor Tatsachen konnte glücklicherweise russischer – oder sowjetischer – Außenpolitik selten vorgeworfen werden. Für sie gilt wieder Kennan: »Sie arbeitet nicht nach festgelegten Plänen. Sie geht keine unnötigen Risiken ein. Der Logik der Vernunft unzugänglich, ist sie der Logik der Macht in hohem Maße zugänglich.«[35] Übersetzt: »Atmosphäre« ist bloß Beiwerk; jede Gelegenheit ist zu nutzen, aber Rückzug, wenn nötig; Leistung nur gegen Leistung – russischer Vorwurf an Gorbatschow ist ja, das nicht beachtet zu haben.

Für Rußland ist es schmerzlich, den lange umkämpften direkten Zugang zur Ostsee nun verloren zu haben, mit Ausnahme des zur Exklave ohne rechte Funktion gewordenen Nordostpreußen und des Winkels im Finnischen Golf, in dem sich St. Petersburg befindet, mit dem Rußland den Ostseeraum mehr berührt als ihm angehört. Mit dessen Gründung hatte Peter der Große in der Tat ein Zeichen gesetzt, aber nicht so sehr der »Verwestlichung« als vielmehr der »Verreichlichung«, der Supranationalisierung Rußlands; und diesem Zeichen folgte Rußland so lange mit Erfolg, bis es Panslawismus und russischer Nationalismus gründlich mißverstanden. Noch die Sowjetunion folgte mit dem Kommunismus einer »imperialen Idee« und brach als »Reich« folgerichtig mit dem Versagen seiner Reichsidee zusammen.

Wenn Rußland sich an der Ostsee als »Reich« zurückgenommen hat, nur noch Nationalstaat sein will oder kann, dann teilt es ein sehr typisches Ostseeschicksal, das vor ihm Dänemark, Schweden, Polen und auch Preußen/Deutschland widerfahren ist, und mag wie diese langfristig dankbar werden, nicht mehr ständig überfordert zu sein. Gerade als Großmacht, die Rußland ja bleibt, sollte es einer anderen Raumordnung nicht im Wege stehen, sondern hinnehmen, daß die Geschichte über die imperiale Verfügungsmasse anderweitig verfügt. Wie immer es an den anderen Grenzen Rußlands bestellt sein mag: An der Ostsee fand eine Raumrevolution statt, die für Rußland den »vorpetrinischen« Zustand wiederhergestellt hat. Es gehört zu einem sicherlich benachbarten, sicherlich wichtigen, aber ebenso sicherlich »anderen« Raum.

Die Nachfolgestaaten Rußlands im baltischen Raum haben außer den der Region gemeinsamen ökonomischen Schwierigkeiten kaum Probleme miteinander, schon gar keine zu Gewalt führenden; Probleme haben sie nur mit Rußland selbst und mit dem sowjetischen Nachlaß. Daher gibt es keinen Anlaß für Rußland mehr, dort als »Ordnungsmacht« aufzutreten, wohl aber (und zwar auch, wenn von einer russischen Pflicht zur Wiedergutmachung nicht geredet werden soll), für eine geordnete Abwicklung dieses »Nachlasses« zu sorgen.

Ob es künftig mehr um Sicherheit *mit* und *für* Rußland oder aber um Sicherheit *vor* Rußland gehen wird, wird letztlich nur von Rußland selbst zu beantworten sein. Auch Deutschland mußte lernen, damit zu leben, daß die Sorge seiner Nachbarn um Sicherheit *vor* Deutschland zu den Rahmenbedingungen seiner Existenz gehört. Die Situation Rußlands ist nicht so unähnlich, wenngleich es mit der Aufarbeitung seiner Vergangenheit noch kaum begonnen hat. Gerade wenn und weil der »Westen«, wie er es kluger- und generöserweise auch gegenüber dem besiegten Deutschland tat, bereit ist, Rußland ohne Vorbehalte wieder in die Völkergemeinschaft aufzunehmen, hat Rußland seinerseits zu lernen und notfalls zu erfahren, daß eine adoleszente Politik des »Fenstereinschmeißens« (wie sie das wilhelminische Deutschland zu seinem Schaden betrieb) wenig einbringt. Wie Deutschland ist es Rußland, das noch etwas zu »beweisen« hat, nämlich daß es sich in diese Völkergemeinschaft einzufügen vermag. Da besteht eine »Bringschuld«. Lediglich demokratische Formen anzunehmen, reicht noch nicht aus, Stürme der Begeisterung zu entfachen. Zusammenarbeit muß und kann in der Tat gelernt werden (was allerdings mit »strategischer Partnerschaft« gemeint sein soll, steht in jedermanns Belieben).

Indessen wäre es kontraproduktiv, wenn Deutschland hier eine Mittlerrolle oder gar eine *special relationship* mit Rußland anstrebte. Nach allen Erfahrungen käme Deutschland dabei allenfalls die Rolle des Juniorpartners zu, während schon die Sowjetunion als ebenbürtig nur die Vereinigten Staaten ansah (die keinen »Makler« brauchen). Sich hier auf ein prekäres Dreiecksverhältnis einzulassen, das bei beiden großen Partnern nur Mißtrauen und – um im Bilde zu bleiben – Eifersucht wecken könnte, wäre gerade für Deutschland eine *liaison dangereuse*, die Ähnlichkeit mit dem Finassieren aufwiese, das die wilhelminische Diplomatie zwischen allen Stühlen landen ließ. Es würde zudem verkennen, daß Deutschland zwar im »Osten« besondere Aufgaben hat, als sein »Wunschpartner« aber eigentlich nur Polen in Betracht kommt. An den Gedanken, daß Polen nicht nur als »Opfer«, sondern als *Macht* existiert, muß sich Deutschland offenbar noch gewöhnen.

Deutschland muß sich Gedanken machen, wie der Raum, in den es gestellt ist, aussehen soll und wo sein Platz in ihm ist. Dazu gehört ein Raumgefühl, das Rußland weder den Großmachtcharakter bestreitet, den es hat, noch gleichzeitig als den »Nachbarn« Deutschlands – ein Gedanke, der jeden Polen erschauern läßt – qualifiziert, der es glücklicherweise nicht (mehr) ist. Das räumliche Auseinanderrücken von Deutschland und Rußland, das herzustellende Eigengewicht einer Mitte zwischen Deutschland und Rußland, die kein »Randeuropa«, kein bloßer *Cordon sanitaire* wäre, ist Voraussetzung jeder vernünftigen Ordnung.

Welches Europa?

Anders als der »Osten« war der »Westen« auf den Fall seines »Sieges« unvorbereitet. Dem rein defensiven Charakter des atlantischen Bündnisses entsprach, auf sowjetische »Signale« zu horchen, um darauf zu reagieren. Inzwischen kennen wir die akribischen östlichen Pläne etwa für die Einnahme Westberlins und die Errrichtung eines Besatzungsregimes im »Ernstfall«.[36] Dergleichen wird man in NATO-Archiven vergeblich suchen. Bekanntlich wurden sogar interne Studien bundesdeutscher Ministerien, wie im Fall der Wiedervereinigung etwa die Rechtsangleichung aussehen könnte, seit geraumer Zeit nicht mehr fortgeschrieben. Zur Erinnerung: Im ersten, mehr noch im zweiten Weltkrieg hatten sich verschiedene Gremien der westlichen Alliierten noch intensiv mit ihrer künftigen Deutschlandpolitik befaßt. Diese Überlegungen blieben ziemlich akademisch, trugen aber immerhin Denkmodelle, Optionen und Material zusammen. Wie die Politik damit umgeht, ist stets eine andere Frage; zunächst ist die Tagesordnung aufzustellen.

Es ist ja nicht übertrieben zu sagen, daß der »Westen« die Ereignisse im Osten wie die auf einem fernen Stern wahrnahm. Korrektur: Wie auf einem fernen Stern, dessen Umlaufbahn lange die Gefahr einer Kollision mit dem eigenen Planeten in den Bereich des Möglichen gerückt hatte, wogegen mit erheblichem Aufwand Vorkehrungen getroffen worden waren. War diese Gefahr nun fast ohne eigenes Zutun gebannt, erschien das als große Erleichterung und als Anlaß, sich voll den eigenen Angelegenheiten zuzuwenden. Was auf jenem Stern weiter geschah, wurde mit Interesse, Sympathie und einer Hilfsbereitschaft betrachtet, wie sie den Opfern einer Naturkatastrophe zukommt, aber nicht als etwas, das einen unmittelbar anging, das eigene Leben verändern könnte.

Diese Behaglichkeit wurde empfindlich gestört durch das Elementarereignis der deutschen Wiedervereinigung, durch die nicht nur die Westdeutschen, sondern auch das Atlantische Bündnis aus ihrem *business as usual* aufgeschreckt wurden. Die sowjetische Zustimmung zur Vereinigung und zur NATO-Zugehörigkeit des vereinten Deutschland war eine gewaltige und kurze Zeit zuvor noch unvorstellbare Konzession, mit der der »Friedensschluß« zwischen Ost und West ganz nach alter Art durch Abtretung von Territorium an die »Sieger« besiegelt wurde. Diese Konzession wurde jedoch erleichtert und relativiert durch die Ost und West (einschließlich der Deutschen) gemeinsame Überlegung, gerade ein größer gewordenes Deutschland sei angesichts möglicher *incertitudes allemandes* besser in der Einbindung eines Bündnisses aufgehoben, als es zwischen den Fronten herumgeistern zu lassen. Gedanken an Neutralisierung oder kollektive Sicherheitssysteme, mit denen Bürgerrechtler in der letzten Regierung der DDR herumspielten, waren deshalb schnell vom Tisch.

Die große diplomatische Leistung der Zwei-plus-Vier-Verhandlungen ist nicht zu verkleinern. Die Ziel- und Instinktsicherheit, die Professionalität, die Bravour und geradezu die Eleganz, mit der sie geführt wurden, deuten jedoch auf ein weiteres.

Die deutsche Wiedervereinigung, diese erste »Osterweiterung« der NATO, ist natürlich ein gewichtiger Teil der Raumrevolution, die sie zwar keineswegs auslöste (Solidarnosc begann viel eher, ebenso die »singende Revolution« in Estland), vielleicht aber beschleunigte. Doch ihre Bewältigung bildet als eine Art »Friedensvertrag« den Abschluß der vorangegangenen Epoche des kalten Krieges und gehört noch zu ihr. Sie ging davon aus, daß »Ost« und »West« in ihrer »Identität« weiterhin bestehen und nur anders miteinander umgehen, sich einander öffnen würden. Diese Diplomatie bewegte sich noch auf ihr seit langen Jahren vertrautem Gelände. Sie war Abschluß, kein Neuanfang.

Insofern hätte man zum *business as usual* zurückkehren können. Überwiegend besteht ja Einigkeit darüber, daß das Nordatlantische Bündnis, wenn auch in einer durch den erreichten Friedenszustand reduzierten Form, nach wie vor notwendig, wichtig, »unverzichtbar« ist. Die naseweisen Reporterfragen, wo denn das schöne »Feindbild« der NATO geblieben sei, sind ziemlich verstummt. Denn die höhnische Bemerkung Arbatows, der »Osten« habe dem »Westen« das Schlimmste angetan, indem er ihn seines »Feindes« beraubte, war ja eine Projektion: Es waren Warschauer Pakt und sowjetisches Imperium, die unter anderem am Versagen ihres »Feindbildes« zusammenbrachen.

Sogar in dem derzeit wenig militärfrommen Deutschland, in dem wesentliche politische und intellektuelle Kreise die NATO allenfalls als notwendiges Übel ansahen und kaum als Objekt eines »atlantischen Patriotismus«, wird ihre Existenz weiterhin nur von Randgruppen in Frage gestellt. Vielleicht liegt es an der Unlust, die fundamentale Veränderung der Weltlage zu durchdenken. Die nostalgische Verklärung der »alten« Bundesrepublik bezieht wohl die »alte« NATO als Element der »Verwestlichung« ein. Allerdings schienen nur ein Restbestand an *incertitudes russes* und der etwas fragwürdige »Ersatz«, das Bündnis als internationale Eingreiftruppe der Vereinten Nationen zu betrachten, ihre Erosion aufzuhalten.

Die Aufnahmewünsche osteuropäischer Länder wirkten in diesem Stilleben wie ein Donnerschlag. Ihr Pochen an die NATO-Türen erinnert unangenehm an das Schicksalsmotiv der Beethovensinfonie. Wenn ehemalige Warschauer-Pakt-Staaten ein solches *renversement des coalitions* anstreben, geht es nicht mehr um die »alte«, sondern um eine »neue« NATO. Es handelt sich nicht um eine gewöhnliche Aufnahmeprozedur wie noch im Falle Spaniens, wo lediglich darüber zu befinden war, ob der Kandidat würdig wäre, einem so vornehmen Club beizutreten.

Rußland, und das ist der zweite Eckpunkt in dieser Sache, erhebt hiergegen, übrigens quer durch alle Parteiungen, energischen Widerspruch. Es ist recht bemerkenswert, daß sich der russische Einspruch nur gegen eine NATO-Mitgliedschaft der Osteuropäer richtet, nicht gegen eine Erweiterung der Europäischen Union. Denn über Jahrzehnte hatte die sowjetische Politik so wie die NATO auch die Europäische Gemeinschaft verteufelt und Österreich oder Finnland eine Annäherung als Neutralitätsverletzung zu untersagen versucht. Inzwischen hat freilich Rußland seinen Frieden mit dem »Kapitalismus« gemacht und erhofft sich von ihm – und von »Europa« – einiges. Auch ist diese »Europäisierung« ein mühsamer Prozeß, der in um so weitere Ferne rückt, je »maastrichtiger« das westliche Europa wird. Eine NATO-Aufnahme dagegen ist weniger eine Frage der »Reife« als des politischen Willens. Vor allem aber enthält das Bündnis die transatlantische Komponente, die der Europäischen Union naturgemäß fehlt. Rußland hat gebührenden Respekt nicht vor europäischer, wohl aber vor amerikanischer »Macht«. Seit jeher identifiziert es die NATO mit den Vereinigten Staaten, die der Stalinismus unbedachterweise durch seine Politik in Europa festhielt oder gar erst etablierte und in denen allein es seinen ebenbürtigen Partner oder auch Rivalen sieht.

Etwas vereinfacht könnte man sagen, daß der russischen Generalität das »Feindbild« NATO durchaus gegenwärtig, die Europäische Union aber Hekuba ist. Nun wird auch in Rußland niemand glauben, Polen wolle jetzt *gegen* Rußland marschieren. Aber die *Abkehr* der ehemaligen Verbündeten von Rußland ist deutlich genug und, selbstverschuldet oder nicht, kränkend. Vor allem jedoch beunruhigt der Verlust des für traditionelles russisches Sicherheitsdenken so wichtigen »Glacis«: Wenn es schon aufgegeben werden mußte, soll es diese Funktion wenigstens als *Cordon sanitaire*, diesmal gegen den »Westen«, erfüllen, als das »Zwischeneuropa«, das diese Länder gerade nicht sein mögen.

Rußland würde diese »Osterweiterung« der NATO gerne als Verletzung des »Friedensvertrages« ansehen, der sie vielmehr auf Deutschland beschränke. Indessen war eine Besitzstandsgarantie für das sowjetische Imperium kein Teil der Abmachungen. Dessen ohne aktives Zutun des »Westens« erfolgter Zusammenbruch hat zudem die »Geschäftsgrundlage« entscheidend verändert.

Beim besten Willen läßt sich hinsichtlich der »Osterweiterung« nicht behaupten, daß der »Westen« – oder gar die USA – sie forciere. Nur schwankend und zögerlich bis zur Unhöflichkeit, jedenfalls ohne Enthusiasmus stellt er sich dem *challenge*, den die osteuropäischen Beitrittswünsche ihm bereiten. Nicht die NATO hat die »Osterweiterung« gewünscht. Es geht gerade nicht um – *expand or expire* – eine »Notbeatmung der NATO« (E. O. Czempiel) oder Sicherung amerikanischen Führungsanspruchs. Insgesamt hat der Aufnahmewunsch der osteuropäischen Länder das Bündnis vielmehr in Verlegenheit versetzt. Es kann diesen Wunsch schlecht zurückweisen, ohne in Widersprüche zu geraten. Es kann auch das Verhältnis zu Rußland nicht außer acht lassen. Rußland und die osteuropäischen Länder sind sich nämlich nur insoweit einig, als sie das Atlantische Bündnis ernst nehmen, die (nur im Westen vorkommenden) Zweifel an seiner Bedeutung nicht teilen.

Das ist das vordergründige Dilemma. Doch dieser *challenge* ist mehr als der individuelle Wunsch dieses oder jenen Landes. Es geht um *Raumordnung*, um die Füllung des Vakuums, das der Zusammenbruch des sowjetischen Imperiums hinterlassen hat und hinter das der »Westen« sich nicht einfach zum *business as usual* zurückziehen kann.

Das Problem würde vom *mainstream* politischen Denkens so definiert werden, daß eine »Europäische Friedensordnung« nicht *ohne* Amerika, aber auch nicht *gegen* Rußland zu haben ist. Das klingt simpel und einleuchtend, erweist sich aber als Quadratur des Zirkels. Denn dahinter steht die wichtigere Frage, *was für* eine Friedensordnung, *welches* Europa eigentlich entstehen soll.

Im Grunde stehen drei Optionen zur Verfügung: Ein *atlantisches* Europa, ein *europäisches* oder ein *eurasisches* Europa. Wenn man es an Institutionen aufhängt, ließe sich das »atlantische« als ein »NATO-Europa«, das »europäische« als ein »EU- (oder WEU-) Europa« und das »eurasische« als »OSZE-Europa« beschreiben. Damit wäre jeweils eine Richtung angedeutet, obschon jede Option sich aller dieser Institutionen bedienen könnte, mit veränderten Funktionen oder als bloßem Firmenmantel.

In jedem Falle geht es um die Ordnung des Dreiecks Amerika-Rußland-Europa. Dabei ist im Auge zu behalten, daß es für Rußland wie für Amerika nicht nur um Europa geht, sondern ihre beiderseitigen Beziehungen Eigenwert haben, zumal beide pazifische Mächte sind. Rußland ist übrigens vom amerikanischen (und ursprünglich russischen) Alaska nur durch die an ihrer engsten Stelle 85 km breite Beringstraße getrennt – ein Faktum, das Europäer eher als Amerikaner vergessen dürften.

Das *atlantische* Europa ist das Modell, nach dem der »Westen« Europas im Nordatlantikpakt organisiert war. Diese stabile europäisch-amerikanische »Achse«, wie sie sich in den vergangenen Jahrzehnten bewährte, entsprach amerikanischen Interessen[37] und europäischen Wünschen nach einem mächtigen und relativ verläßlichen Partner und nach einer »Einbindung« Deutschlands. Hinsichtlich des letzteren Punktes gehen amerikanische und europäische Sicht zwar etwas auseinander: Für Amerika ist der Gedanke deutscher »Dominanz« in Europa nicht so erschreckend (nicht erst seit Clinton wird deutschen Gesprächspartnern – mit mäßiger Resonanz – nahegelegt, sich als »wichtigsten« Partner der

USA zu fühlen), solange dieses Deutschland sich nicht mit Rußland verbündet. Indessen würde das Gewicht der USA das deutsche für die übrigen Europäer quasi automatisch austarieren. Wie die Abwehr akuter Bedrohung vorrangige Aufgabe der NATO war, so entsprachen Erhaltung der transatlantischen Brücke und Einbindung Deutschlands als weitere Funktionen und glücklicher Nebeneffekt des Bündnisses einem elementaren Anliegen, dessen Nichtgelingen nach dem ersten Weltkrieg in fast direkter Linie zum zweiten führte. Zudem hängt beides zusammen: Eine »Einbindung« Deutschlands in einen ausschließlich europäischen Verbund beseitigt keine Zweifel, sondern löst sie eher aus, ob dieser nicht zum deutschen »Herrschaftsinstrument« wird. Der Versuch, Bedenken gegen die Wiedervereinigung durch Intensivierung von »Maastricht« auszuräumen, fand im Grunde am »untauglichen Objekt« statt.

Wenn in diesem Kontext zu hören ist, Amerika wolle und werde »europäische Macht« bleiben, soll das fortdauerndes amerikanisches Engagement bekräftigen. Aber es ist die *falsa demonstratio* eines anderen Sachverhalts: Das eigentlich und im Wortsinne verbindende Element für Europa und Amerika als gemeinsames Erbe und Anliegen ist der Atlantik, wie in der *Atlantischen Charta* Churchills und Roosevelts deutlich gemacht wurde.[38] Das Nordatlantische Bündnis ist nur eine mögliche Ausformung. Doch diese atlantische Gemeinsamkeit ist keine unverrückbare Konstante; sie bedarf der Pflege. Es gibt einen amerikanischen wie übrigens auch einen europäischen Isolationismus; aber vor allem hat Amerika nicht nur eine »atlantische«, sondern auch eine »pazifische« Seite (und dazu noch eine karibisch-lateinamerikanische »Südflanke«) von wachsender Bedeutung. Im zweiten Weltkrieg war es eine schwierige Entscheidung für die amerikanische Führung, dem europäischen Kampf gegen das »Dritte Reich« Priorität vor dem pazifischen Kriegsschauplatz einzuräumen, und noch während des kalten Krieges mahnte Lawrence

Eagleburger seine europäischen Kollegen, daß es andere Regionen gäbe, denen die Vereinigten Staaten mehr Aufmerksamkeit zuwenden könnten oder müßten.

Rußland hätte zu einem *atlantischen* Europa auf Distanz zu bleiben; es stünde nicht *in*, sondern *neben* ihm. Noch die Zwei-plus-Vier-Verhandlungen als »Friedensschluß« zwischen »Ost« und »West« gingen von diesem Modell aus. Inzwischen findet Rußland an ihm weniger Gefallen.

Die zweite Option, ein *europäisches* Europa, zöge eine logisch scheinende Konsequenz aus verminderter »östlicher« Bedrohung; es würde die transatlantischen Bindungen nicht aufgeben, aber lockern, und wäre auf Äquidistanz zu beiden »Supermächten« bedacht. Die Forderung, Sicherheit nicht ohne Amerika, aber nicht gegen Rußland zu schaffen, schiene so am ehesten erfüllbar, weil »Äquidistanz« nicht mit »Ausschluß« gleichzusetzen wäre.

Damit könnte sich Amerika um so eher abfinden, je mehr es sein eigenes außenpolitisches Engagement reduzieren oder in andere Richtungen lenken möchte. Rußland wäre ein solches Europa gewiß nicht unwillkommen. Es käme in Europa weit verbreiteten Stimmungen entgegen. Seine Organisationsform wäre mit der Europäischen Union bereits vorhanden. Dieses Modell ohne »Feindbild« könnte mithin erhebliche Akzeptanz finden. Es würde den Weg des geringsten Widerstandes gehen als Versuch, es allen recht zu machen – »den Pelz zu waschen, ohne ihn naß zu machen« – und doch europäische Dignität zeigen, Parität mit den bisherigen »Supermächten«.

Indessen würde dieses Modell voraussetzen, daß Europa nicht nur seine eigenen Angelegenheiten einigermaßen zu organisieren versteht, sondern auch in weltpolitischen Fragen wirklich »mit einer Stimme« spricht. Die proklamierte *Gemeinsame Außen- und Sicherheitspolitik* hat jedoch noch lange nicht den Stand erreicht, den sie während der Ost-West-Konfrontation durch NATO- und EG-Konsultationen angesichts der eindeutigeren Einpolung mit geringem Spielraum für Divergenzen hatte: *There is nothing like thirty divisions of the Red Army in Eastern Europe to concentrate the mind* (Robert D. Blackwill). Doch auch wenn diese »eine Stimme« mehr als ein frommer Wunsch wäre, müßte sie jeweils hergestellt werden. Obwohl ein »europäisches« Europa in hohem Maße französischen Vorstellungen entspräche, wäre Deutschland in ihm die stärkste Macht, die nur durch Koalitionen auszubalancieren wäre. Hätte dieses Europa nicht verzweifelte Ähnlichkeit mit dem Europa vor 1914? Daß es nicht um europäisches Gleichgewicht, sondern um Mehrheitsbildung geht, aggraviert das noch. Schon deshalb würden weder Amerika noch Rußland auf »Mitsprache« verzichten, sondern unter den Europäern jeweils ihre Anwälte suchen.

Die »Äquidistanz« wäre jederzeit in Gefahr, in der einen oder anderen Richtung zu »kippen«. Beide »Supermächte« würden jedenfalls ihre Wahrung mit Argusaugen millimetergenau verfolgen. Deshalb könnte sich sehr wohl statt einem *europäischen* Europa weit eher ein alter europäischer Alptraum verwirklichen, nämlich ein amerikanisch-russisches Kodominium *über* Europa. Dieser Alptraum hat die Europäer sogar während des kalten Krieges wiederholt aufgeschreckt; damals mußten die USA noch auf ihre europäischen Verbündeten Rücksichten nehmen, die sie bei Lockerung der Bindungen nicht mehr zu nehmen brauchen. Immerhin sollte warnen, daß Amerika praktisch als einzige Macht einen eventuellen russischen NATO-Beitritt wenigstens theoretisch nicht ausschließt. Für Amerika sind die Beziehungen zu Rußland so wichtig, daß sie notfalls die zu Europa ersetzen könnten.

Entgegen dem ersten Anschein handelt es sich bei dem *europäischen* Europa also um eine höchst instabile und fragwürdige Konstruktion.

Ein *eurasisches* Europa schließlich wäre das Modell, das die Sowjetunion für ganz Europa anstrebte und im Osten des Kontinents realisierte. Die damalige Unattraktivität dieses

Modells und sein schließlicher Zusammenbruch könnte jedoch an der kommunistischen Herrschaftsideologie gelegen haben. Die russische Diplomatie muß ja nicht so grobschlächtig bleiben wie sie derzeit noch ist. Ein *eurasisches* Europa würde Rußland so weit wie irgend möglich (wenn auch kaum oder nur auf sehr lange Sicht in die EU) einbeziehen. Es würde im Zeichen »kollektiver Sicherheit« stehen, was aber nicht verdecken könnte, daß Rußland *die* europäische Führungsmacht würde, ohne deren Placet (auch in der EU!) nichts geschähe und die an europäischen Angelegenheiten weitaus intensiver interessiert wäre als es die USA jemals waren.

Dies würde Rußland nachträglich zum »Sieger« des kalten Krieges machen, den die westlichen europäischen Mächte vor allem geführt haben, um dem russischen Führungsanspruch entgegenzutreten, dem endlich entronnen zu sein die Staaten Osteuropas ihrerseits froh sind. Insbesondere jedoch für die Vereinigten Staaten dürfte der Gedanke an Rußland als Herrn über die gesamte eurasische Landmasse schwer erträglich sein. Die Folgen malt man sich lieber nicht aus.

So wird die Erfüllung aller Prämissen einer »Europäischen Friedensordnung« schwierig. Daß das »eurasische« Europa eine antiamerikanische Komponente enthält, ist offensichtlich. Die quasi gleichberechtigte Einbeziehung Rußlands wie Amerikas im »europäischen« Europa würde weder die Unabhängigkeit Europas von beiden herstellen noch zu Stabilität führen. Wenn das »atlantische« Europa sich nicht *gegen* Rußland wenden mag, so fände es doch *ohne* Rußland statt, was nach bisher aus Moskau zu hörenden Ansichten mit »antirussisch« gleichbedeutend ist. Dennoch verbürgt offenbar nur eine »atlantische« Lösung Stabilität in und für Europa – damit aber auch für Rußland.

An diesen drei Optionen ändert keine »Demokratisierung« etwas, auch keine gelingende russische Demokratisierung. Daß mit Staaten leichter umzugehen ist, wenn sie sich

»zivilisiert« verhalten, ist wahr, aber eine Tautologie. Engagierte russische Demokraten, Reformer und Verfechter der »Verwestlichung« Rußlands wie Alexander Jakowlew und Wjatscheslaw Daschitschew (aber auch deutsche Konfliktforscher wie E. O. Czempiel) versuchen dem Dilemma zu entgehen, indem sie die Geopolitik kurzerhand »abschaffen«. Ja sicher – was sollten sie gegen einen russischen »Platz in Europa« haben, den sie vielmehr anstreben? Sie braucht es nicht zu stören, wenn dieser Platz so groß wäre, daß es für alle anderen eng wird.

Das entbehrt angesichts des unbestreitbaren »Europäertums« dieser Reformer nicht der Tragik. Doch wenn Daschitschew oder Jakowlew vor der »Osterweiterung« der NATO warnen (und polnische Ängste vom Tisch wischen), nicht weil sie eine Bedrohung Rußlands wäre, sondern wegen der »Befindlichkeiten« ihrer Landsleute, so verlangen auch sie »vorauseilenden Gehorsam« und unterscheiden sich weniger von Extremisten à la Schirinowskij, als sie ahnen. Man betreibt auch Geopolitik, wenn man nicht an sie glaubt. Man hätte sich ja vorstellen können, daß es diesen Reformern ganz recht wäre, wenn dem »alten Denken« die Grenzen seiner Möglichkeiten vorgeführt würden.

Stets wird davor gewarnt, Rußland auszugrenzen. Tatsächlich neigte Rußland in der Regel eher dazu, sich selber zu isolieren. Doch wenn bereits für Deutschland Zweifel angemeldet wurden, ob es nicht zu groß sei, um normaler europäischer Staat zu sein, dann gilt das für Rußland erst recht. Es ist schlechthin zu groß und in jeder Hinsicht zu bedeutend, um *in* Europa anders denn als Führungsmacht aufzutreten. Nikolai Danileweskij brachte das im vorigen Jahrhundert auf die einprägsame Formel, Rußland sei zu groß, um nur eine Geige im Konzert der europäischen Mächte zu spielen.

Rußland gehört ungeachtet aller Verwandtschaft nicht zu der relativ kleinen Halbinsel, die Europa als Anhängsel des eurasischen Kontinents (übrigens gerade in russischen Augen) bildet, sondern stellt den Kern eines eigenen Raumes dar. Angesichts historischer Zwischen- und Grauzonen mag gestritten werden, was zu ihm gehört; im Großen jedoch deckt sich seine »Westgrenze« mit der alten Grenze zwischen orthodoxer und lateinischer Christenheit, jenseits derer jeweils eine andere »politische Theologie«, deren Unterschiede weitaus größer sind als zwischen Katholizität und Protestantismus, nicht nur galt, sondern weiterhin wirkt. So ist dieser »Graben« im Grunde tiefer und breiter als der Atlantik. Zu »Europa« gehört Rußland weniger als die Vereinigten Staaten oder Kanada, deren europäischer Ursprung unverkennbar bleibt. Über das Verhältnis von Rußland und Europa ist auf beiden Seiten dieser »Grenze« seit Jahrhunderten viel räsoniert worden. Doch wie immer es sich mit dem »Dritten Rom« verhalten möge: Rußland muß seinen Platz finden, aber schon aus raumpolitischen Gründen nicht *in*, sondern *neben* Europa. Ob dagegen Rußland sich zum »Westen« rechnen will und kann, ist letztlich seine Sache, »Europa« kann das nur hoffen. »Westliches« Denken ist nicht an Europa gebunden.

Es geht nie um irgendeine Friedensordnung, sondern immer um die Frage: *Was für ein* und *wessen* Frieden? Wenn dieser Frieden den Vorstellungen entsprechen soll, die Rußland sich von ihm macht, provoziert das die Frage, wer denn den kalten Krieg »gewonnen« hat. Das war nicht der »Kapitalismus«, was immer das sein mag. Wenn sowjetische Politik beharrlich die »Anerkennung der Folgen des zweiten Weltkrieges« verlangte, ist als Konsequenz von der russischen zu verlangen, nunmehr auch die »Folgen des kalten Krieges« zu akzeptieren. Für den »Westen«, für Europa war es ein hoher Preis des Bemühens, den »kalten« Krieg nicht zu einem »heißen« werden zu lassen, daß es seine »Miteuropäer« im Baltikum, in Ostberlin, Budapest oder Prag ihrem Schicksal überlassen mußte. Wenn nun die Ordnung von »Jalta« oder

»Potsdam« durch eine andere Ordnung ersetzt werden muß, ist in erster Linie an diejenigen zu denken, die in Wahrheit diesen Preis zu zahlen hatten und deshalb die »Opfer«, aber auch die eigentlichen »Sieger« sind.

Insofern sind Fragen wie die, ob sie bereits hinreichend »demokratisch« und »reif« für die Aufnahme in NATO oder EU sind, im Grunde frivol. Doch auch pragmatisch wird diese »Reife« nur mit klaren Perspektiven zu erreichen sein. Die Reihenfolge ist daher umzukehren: Auch in anderen Fällen erwies sich eine »Beitrittsperspektive«, erst recht ein »Beitritt« als hilfreich, um Regierungen zu halbwegs solider Politik zu veranlassen und sie dabei abzustützen. Darüber hinaus aber haben die osteuropäischen Nationen in besonderem Maße unter »Nationalismen« gelitten, die sich gegenseitig die Existenz streitig machen, die Atemluft wegnehmen und sich in wenig leistungsfähigen Kleinräumen einkapseln ließen. Um sich überhaupt entfalten zu können, bedürfen sie föderativer Strukturen, die mithin nicht am Ende, sondern möglichst schon am Anfang ihres Weges stehen sollten. Nur so wird es statt zum Gegen- oder Nebeneinander zum Miteinander kommen. Die NATO-Osterweiterung ist nicht nur eine Frage der »Bedrohung«, sondern auch der Selbstorganisation und stabiler Strukturen überhaupt.

Vor allem ist nicht einzusehen, warum osteuropäische Wünsche nach wie vor hinter russischen zurückstehen sollten. Diese Wünsche richten sich zwar auch auf Beitritt zu EU und WEU, vor allem jedoch auf die NATO als Verbindung zur »transatlantischen Komponente«. Ähnlich wie in Rußland mag es daran liegen, daß Gleichsetzung von NATO und USA »gelernt« wurde. Gleichviel: Sollte nicht zu denken geben, daß gerade die Osteuropäer so eindeutig einem *atlantischen* Europa den Vorzug geben und von dem verdeckten oder offenen Antiamerikanismus, der unter oft läppischen Vorzeichen Europa endemisch plagt, so frei sind?

Also nicht *aus*-, wohl aber *ab*grenzen: Je weniger »Europa«

Rußland ein Mitspracherecht in Europa zuerkennen mag, desto mehr hat es allerdings die Eigenständigkeit des russischen »anderen« Raumes zu respektieren. Das ist kein »Freibrief« – denn nicht einmal den hat Europa zu erteilen. In jedem Fall ist es problematisch für den »Westen«, sich in schwer durchschaubare innerrussische Querelen hineinziehen und instrumentalisieren zu lassen. Rußland kann sich letztlich nur selber »retten«.

Wohin mit der NATO?

Die Einpolung des Atlantischen Bündnisses als *Kriegskoalition* zur Abwehr eines Großangriffs des Warschauer Paktes ist weggefallen. Damit hat auch die *order of battle*, die sich aus diesem Szenario ergab, ihre Gültigkeit verloren. Selbst wer eine russische Bedrohung nicht für alle Zukunft ausschließen mag, wird sie sich kaum nach bisherigem Szenario vorstellen. Ein *roll back* fand statt, wie ihn John Foster Dulles nicht zu träumen gewagt hätte.

Seither haben sich die Strukturen des Bündnisses erheblich verändert, auf unterschiedlichen Ebenen und in unterschiedlichen, teilweise überlappenden, aber auch gegenläufigen Richtungen, deren Ziele oft ambivalent erscheinen.

Wie nach jedem großen Kriege ergab sich nach Ende des kalten Krieges zunächst die Aufgabe der *Demobilmachung*, der Rückführung der Streitkräfte auf den »Friedensstand«. Dabei geht es um Reduzierung, aber auch um Umbau. Streitkräfte für Großkriege zwischen Großmächten sind ungeeignet für die jetzt als wahrscheinlicher geltenden friedenerhaltenden oder friedenschaffenden Maßnahmen durch Krisenreaktionsstreitkräfte, also das, was man früher kurzerhand »Expeditionskorps« nannte.

Von der Öffentlichkeit wenig beachtet, fand hinsichtlich der Westeuropäischen Union beinahe ein *renversement des coalitions* statt. Die Beistandspflichten des WEU-Vertrages, als »Brüsseler Pakt« ein Vorläufer der NATO, sind schärfer und bedingungsloser als die der Atlantischen Allianz. Ihre Erfüllung war jedoch an die NATO delegiert; die WEU verzichtete, um den verpönten *double emploi*, die Doppelarbeit, zu vermeiden, auf eigene Handlungsfähigkeit und sah sich akzessorisch nicht zur EG, sondern zur NATO, und schon gar nicht als deren Alternative oder »Ersatz«. Über Jahrzehnte blieb undenkbar, daß ein WEU- (oder auch EG-) Mitglied nicht gleichzeitig Mitglied des Atlantischen Bündnisses wäre. Als Nebenorganisation der NATO wurden der WEU Sonderaufgaben verschiedenster Art zugeschoben, mit denen das Bündnis sich nicht befassen mochte. Daher fällt die WEU der Politik ein, wenn ihr sonst nichts einfällt.[39]

Eine »aufgewertete« WEU ließe sich als »europäischer Pfeiler« der NATO darstellen (was zuvor hochgestapelt gewesen wäre), als der stärkere eigenständige europäische Beitrag, den die Vereinigten Staaten immer forderten. Aber Ambivalenz läßt sich kaum verkennen, wenn gleichzeitig die »Sicherheitskomponente«, die die Europäische Union sich beilegt, an der WEU festgemacht wird. Dadurch entsteht der Eindruck der WEU als einer *»NATO light«*, der zwar durch die (im Gegensatz zur NATO) automatischen Beistandspflichten des WEU-Vertrags widerlegt würde, sich aber am Fehlen der »transatlantischen Komponente« festmacht. So sollen europäische Aktionen außerhalb der Atlantischen Allianz möglich werden. Verdoppelung von Aufwand oder Aufgaben sind nicht mehr anstößig, sondern gewollt: Im Mittelmeer operieren maritime Einheiten teils unter NATO-, teils unter WEU-»Flagge«; nur der praktischen Vernunft (und gemeinsamen NATO-Erfahrung) ihrer Befehlshaber, nicht aber der Politik ist zu verdanken, wenn das halbwegs funktioniert. Dazu passen andere »Sonderwege« militärischer Integration wie »Eurokorps« und dessen Nachahmungen, bei denen es großzügig heißt, notfalls stünden sie »auch« der NATO zur Verfügung. Daß sie mehr integrationspolitische Bedeutung haben als strategischen oder Abschreckungszweck, ist kaum zu leugnen.

Die Bereitstellung verschiedener »Hüte«, um sie sich je nach Bedarf und Gelegenheit aufzusetzen, hat eine gewisse Tradition. Doch wie immer es mit diesem europäischen Instrumentarium bestellt sein mag: Zu seinem erwarteten oder befürchteten Einsatz ist es bisher nur andeutungsweise gekommen. In den »Balkanwirren« als Testfall haben nach allgemeiner Überzeugung die Vereinten Nationen, vor allem aber die Europäer »versagt«. Bewegung kam offensichtlich in die Sache erst, soweit die NATO und damit die Vereinigten Staaten, die den Balkankonflikt an sich zur rein europäischen Angelegenheit erklärt hatten, doch als »Führungsmacht« tätig wurden.

Bei allen Schuldzuweisungen und allem Philosophieren über divergierende Interessen, Entscheidungsunlust usw. darf aber der vielleicht entscheidende Punkt nicht unbemerkt bleiben, daß keine andere europäische Macht jemals ernsthaft ihre Haut »für Europa« zu Markte tragen wird, solange Deutschland einen adäquaten Beitrag verweigert. Von ihm wird keine »Führungsrolle« erwartet, wohl aber »Mitmachen« nach Maßgabe seiner Leistungsfähigkeit, und nicht nur beim »Troß«, den »rückwärtigen Diensten«: *Wer kann, der muß*. Geflissentlich wurde die »Lehre aus der Vergangenheit« übersehen, daß die Deutschen den Beweis, gute Verbündete zu sein, noch schuldig waren. Daß die deutsche Bündnisfähigkeit keineswegs über jeden Zweifel erhaben war, scheint sich langsam auch in Deutschland herumzusprechen. Wer die eisige Luft der *realen Welt* scheut, wird übrigens auch die »Nestwärme« der Bündnissolidarität nie spüren.

Freilich hat das Ende des kalten Krieges die scharfe Scheidung zwischen Bündnispartnern und »anderen« verwischt, so wie »Neutralität« ihren bisherigen konkreten Sinn verlor. Das zum *acquis communautaire* gehörende Prinzip, EG-Zugehörigkeit setze NATO-Mitgliedschaft voraus, wurde bei der Europäischen Gemeinschaft längst durch die Beitrittswünsche der »Neutralen« durchlöchert.[40] Im europäischen Integrationsprozeß stand außerdem der Kunstgriff zur Verfügung, eine nicht erreichbare oder nicht erwünschte Vollmitgliedschaft durch den Schwammbegriff einer »Assoziierung« zu ersetzen, deren Bandbreite vom bloßen Handelsabkommen bis zur Fast-Mitgliedschaft reicht. Dieser »Trick« wird nun auch bei den Verteidigungsbündnissen angewandt, um möglichst vielen bisherigen »Neutralen« und »postkommunistischen« Staaten die ihnen gerade noch möglich erscheinende »Annäherung« an NATO oder WEU einzuräumen – oder auch zu versagen oder zu verzögern. So entsteht jedoch »postmoderne« Beliebigkeit.

Ähnlich wie die NATO umfaßt die WEU statt ursprünglich sieben etwa zwei Dutzend Staaten, die sich in ihrem Verhältnis zur WEU wie zur NATO in höchst unterschiedlichen Aggregatzuständen befinden, als Mitglieder, Assoziierte, Beobachter oder in undefinierbarer »Partnerschaft«, je nach Wunsch mit oder ohne »atlantische« Komponente. Man darf fragen, was Finnland, und sei es mit »Beobachterstatus«, in einer *west*europäischen Union zu suchen hat oder überhaupt in einem Verteidigungsbündnis, wenn es gleichzeitig versichert, allianzfrei bleiben zu wollen.

Nun ist nicht zu verkennen, daß die Bündnispartner hier den Versuch unternahmen, nach der erfolgreichen Bewältigung der großen Herausforderung aus dem »Osten« die sich daraus ergebende nächste Aufgabe zu meistern, mit den Folgen der Raumrevolution fertigzuwerden, die in ebendiesem »Osten« stattfand. Die Blickrichtung des Bündnisses, seine Kompaßnadel bleibt also unverändert.

Das Bündnis sollte zum Koordinierungszentrum einer neuen *Sicherheitsarchitektur* werden. Die *incertitudes russes* sind gewissermaßen der unerledigte Rest der bisherigen Aufgabe. Die Hauptsache, die Gestaltung des nunmehr freigewordenen Raumes möglichst unter Berücksichtigung russischer Sicherheitsbedenken, ist eine ungewohnte Aufgabe: Das »NATO-Territorium« ergab sich ja nicht aus raumpolitischen Überlegungen, sondern aus dem Frontverlauf des kalten Krieges, dem Bestreben, durch *containment* weiteren »Vormarsch« zu stoppen.

Das Bündnis hat sich zunächst um eine *concordantia opposi-*

torum bemüht, um Unvereinbares miteinander zu vereinbaren. Die geradezu uferlose Ausweitung eines Geflechts »vertrauensbildender Maßnahmen«, von Kooperationsräten und einer »Partnerschaft für den Frieden« aus individuellen Vereinbarungen mit Dutzenden anderer Staaten einschließlich Armeniens stellt einen dilatorischen Formelkompromiß dar, der versucht, Dinge gleich zu behandeln, die ungleich, nicht einmal »vergleichbar« sind. Er möchte Gegensätze in der Schwebe halten, »ausklammern« in der Hoffnung, daß das Thema sich irgendwann erledigt, wenigstens aber Zeit gewinnen – um die andere Seite zu überzeugen oder um sich selber schlüssig zu werden, was man eigentlich will.

Indessen: *Zierat an den Fundamenten geht auf Kosten der Sicherheit* (Ernst Jünger). Statt Sicherheitsarchitektur (der Begriff ist nur im doppelt übertragenen Sinn verwendbar, auf dem Umweg über den Landschaftsarchitekten) zeigt sich einstweilen das monströse und amorphe Monument einer zerfahrenen und richtungslosen Politik, die sich nicht zwischen *europäischem* und *atlantischem* Europa entscheiden mag und sogar dem *eurasischen* mit Konzessionen winkt. Atlantisches Bündnis und Westeuropäische Union könnten zu Firmenmänteln endlosen Palavers verkommen, an denen der Bedarf bereits gedeckt ist.

Durch Entgegenkommen mal nach dieser, mal nach jener Seite könnte das Bündnis steuerlos auf einer See scheinbarer kollektiver Sicherheit driften, in der es versinken mag. Denn es gibt einen gravierenden Unterschied zwischen einem Bündnis, das Sicherheit *mit*einander und *für*einander gewähren soll, und einem als Sicherheit *vor*einander konzipierten »kollektiven Sicherheitssystem«,[41] in dem jeder sozusagen mit jedem verbündet ist, also im Grunde mit niemandem. Solche »kollektive Sicherheit« hat nie recht funktioniert; es ist eine höchst ungemütliche Vorstellung, einer Brandkasse beizutreten, *weil* sich unter ihren Mitgliedern potentielle Brandstifter befinden. Ein Bündnis dagegen unterstellt, daß die Bündnispartner sich nicht gegenseitig das Haus anzünden wollen. Miteinander zu reden, ist gewiß nützlich; im Bündnis kommt es aber auf den Bündniszweck an, darauf, wer wem was garantiert.

Es wäre eine Denaturierung und Neutralisierung des Bündnisses, wenn es sich zur regionalen Unterorganisation der Vereinten Nationen oder gar der OSZE, der früheren KSZE, machen ließe. Einer so »entgifteten« NATO könnte Rußland gerne beitreten und sie, wie Präsident Jelzin bereits andeutete, im Kaukasus benutzen, unter UN-Flagge oder sonstwie. Die Verdienste der KSZE im »Helsinki-Prozeß« um die Überwindung des Ost/West-Konfliktes sind unbestritten. Was sie auszeichnete – zähe Geduld, beharrliches Ringen um Konsens, auch durch jahrelanges Finassieren –, macht sie weiter nützlich als institutionalisiertes »europäisches Konzert«[42] und permanentes diplomatisches Forum gerade auch durch Einbeziehung Rußlands und seiner Anrainer, jedoch völlig untauglich zum schnellen und wirksamen Krisenmanagement. Die OSZE wie die Vereinten Nationen mit Hoffnungen und Aufgaben zu befrachten, die sie keinesfalls erfüllen können, kann nur dazu führen, daß sie nicht einmal mehr das schaffen, was ihnen an sich möglich wäre. Der »Vermittler« taugt nicht zum »Büttel«.

Ein wenig könnte man den Verdacht hegen, daß der durch Anwendung des Gießkannenprinzips aufblühende unübersichtliche Wildwuchs zum Ziel hat, um mit Jürgen von Manger zu sprechen, *dat kein Mensch merkt, wat los ist.* Auf die Dauer funktioniert das nicht; Polen läßt sich nicht mit einer »Partnerschaft für den Frieden« abspeisen, die Rußland, für das sie sogar ganz besonders gedacht ist, ebenfalls erhält und die für Armenien gleichermaßen gelten soll. Dies mag ein Triumph des Universalismus sein, aber »räumliches« Denken wird es weder befriedigen noch befrieden.

Die räumlichen Bedingungen lassen sich nicht ungestraft ignorieren. Genau das versuchen Universalisten, wenn sie befinden, es komme nicht auf die Bündnisse, sondern auf Demokratisierung und möglichst weitgehende Verklammerung durch »Partnerschaft« oder OSZE an. In dem Wunsch der »Reformstaaten« auf Beitritt zur NATO sieht E. O. Czempiel lediglich eine lokale Turbulenz, eine allenfalls »regional zutreffende Wahrheit«,[43] die den neuen Konflikt mit Rußland, der gerade ausgeräumt werden soll, erst recht herbeiführen würde (oder gar herbeiführen soll). Diesem *geographic fatalism*, den er so für *self-defeating* erklärt, begegnet er einfach mit der Ablehnung jeder »Geopolitik«, die so gerne auch von russischen Demokraten, die eben gut reden haben, für ungültig erklärt wird. Die Argumentation, die »Osterweiterung« würde Konflikte schüren und Rußland erst recht in die Isolation treiben, wird von russischer Seite, »offiziellen« wie reformerischen und demokratischen Kreisen, in seltener Einmütigkeit vorgetragen und hat bis in die Vereinigten Staaten Eindruck gemacht.

Sie steht jedoch auf logisch schwachen Füßen. Abgesehen von dem (von Czempiel durchaus eingeräumten) Defensivcharakter der NATO: Kein russischer General wird ernsthaft annehmen, Polen erhielte durch seinen NATO-Beitritt Gelegenheit dazu oder wolle Rußland bedrohen. Ob umgekehrt dagegen die osteuropäischen Befürchtungen begründet sind, könnte ja strittig sein; die bisherigen russischen Stimmen schüren sie aber, statt sie auszuräumen.

Auf sie jedoch beruft sich gerade das »neue«, universalistische Denken, weil weite Kreise in Rußland nicht in der Lage seien, in der NATO keine Bedrohung und in der »Osterweiterung« anderes als territoriale Gewinne des »Gegners« zu sehen. *Geographic fatalism*, die Annahme eines inhärenten Ost-West-Gegensatzes, ist offenbar doch keine örtliche Besonderheit russischer Anrainer. Wenn neue Konflikte so leicht zu entflammen wären, spräche das eher *für* als *gegen* die Notwendigkeit einer »Osterweiterung«. Diese Kreise nicht »provozieren« zu wollen, darf man wohl *appeasement* nennen. Es liegt an ihnen, nicht an ihren Nachbarn, wenn diese sich »bedroht« fühlen.

Zudem würde diese Argumentation ebenso für »universalistische« Versuche der Einflußnahme auf Rußland gelten und so insgesamt düstere Aussichten eröffnen: Denn »altes Denken« in Rußland wird auch in OSZE- oder ähnlichen Aktionen schnell eine antirussische Politik der Nadelstiche sehen. Umgekehrt wird erzwungenes »Wohlverhalten« durch osteuropäischen Verzicht auf Beitrittswünsche antirussische Gefühle erst recht anheizen und kaum zur Befriedung des Raumes beitragen. Es geht nicht darum, einem Kind einen begreiflichen, aber unvernünftigen Wunsch auszureden.

In Wahrheit ist diese Kritik an der »Osterweiterung« viel »geopolitischer«, als es den Anschein hat. Es handelt sich um ein Raumargument mit Bezug auf ein »nahes Ausland« und offenbart ein recht unbefangenes hegemoniales Denken, das die klaren osteuropäischen Wünsche und Erwartungen als *quantité négligeable* bagatellisiert und statt dessen »vorauseilenden Gehorsam« fordert.

Indessen trifft zu, daß die »Osterweiterung« gerade auch vom Bündniszweck her nicht ausschließlich vom Willen der Beitrittskandidaten abhängen kann. Daher wird eine Bedrohungsanalyse notwendig, die außer acht läßt (aber im Gedächtnis behält), daß der Beitritt auch Bekenntnis zur »Wertegemeinschaft« und zum »Westen« sein soll, für die kandidierenden Länder und das gesamte Bündnis seine interne Bedeutung hat.

Die Diskussion entzündet sich zumeist an der Frage des polnischen Beitritts. In den letzten Jahrzehnten war jedoch Polen nie der am meisten gefährdete Teil dieses Raumes. Anders als in Ungarn und der Tschechoslowakei ist die Sowjetunion selbst auf der Höhe ihrer Macht in Polen nicht einmarschiert, obwohl sie vergleichbaren Anlaß gehabt hätte. Man kann streiten, wie akut diese Gefahr war und inwieweit sie durch polnischen »vorauseilenden Gehorsam« oder Einlenken in letzter Minute abgewendet wurde. Nicht bestreiten läßt sich, daß in der Öde des sowjetischen Machtbereichs Polen stets noch einen, wenngleich bescheidenen »Hort der Freiheit« darstellte, etwas mehr Eigenständigkeit und Eigenwilligkeit zeigte als der Ostblockdurchschnitt, was ständig sowjetisches Mißtrauen provozierte. Polen, dessen Machthaber in aller Regel nicht in dem Maße sowjetische Satrapen waren wie die der DDR, war ein so harter Brocken, daß die Sowjetunion trotz großer Überlegenheit diesen Fall sehr genau überdenken mußte. Inzwischen haben sich die Gewichte weiter zugunsten Polens verschoben. Polen sollte weniger Gegenstand der Sorge als Pfeiler der Stabilität sein.

Obwohl bei ihnen sowjetische bewaffnete Interventionen stattfanden, ist die Lage Ungarns und der Tschechischen oder Slowakischen Republik kaum anders. Auch wer die »Gefahr aus dem Osten« für nicht so beseitigt hält, wie der Optimismus nach 1989 glaubte, wird diese Staaten nicht für akut bedroht halten. Es ist nicht einsichtig, was Rußland sich davon versprechen könnte.

Vielmehr ist offensichtlich, daß russisches Vorrücken in ihr eigenes Vorfeld – und sei es nur als *cordon sanitaire* anzusehen – die NATO keineswegs gleichgültig lassen, sondern aufs äußerste alarmieren würde. Die »Osterweiterung« der NATO durch Aufnahme der Visegrad-Staaten würde deren Sicherheitslage höchstens marginal verbessern und vorwiegend deklaratorische Bedeutung haben, vor allem in dem nicht unwahrscheinlichen Fall, daß sie zwar dem Bündnis beiträten, aber nicht an der militärischen Integration teilnähmen. Ihre Sicherheit hängt weniger an ihrer formellen Mitgliedschaft als an der Glaubwürdigkeit des so und so hinter ihnen stehenden Bündnisses. Daraus folgt übrigens, daß eine »lineare« NATO-Erweiterung Polen, das »Vorfeld« bliebe, nicht den erhofften Entmarginalisierungseffekt einbrächte.

Solange es nur um die Visegrad-Staaten geht, wird die

Debatte um die »Osterweiterung« im Grunde auf den falschen Ort bezogen. Weder für sie noch für das Bündnis, aber auch nicht für Rußland würde sich die »Sicherheitslage« wesentlich ändern. Psychologisch hätte der Beitritt gewiß Folgen. Aber irgendwann würde wohl auch Rußland merken, daß ihm die Sache ziemlich gleichgültig bleiben könnte. In bezug auf Ungarn hat es das bereits signalisiert.

Ganz anders dagegen ist die Lage der baltischen Republiken. Es ist nicht zu bezweifeln, daß diese kleinen Länder sich »Europa« und nicht »Rußland« zugehörig, aber von dem Übergewicht des russischen Nachbarn fast erdrückt fühlen. Kaum ein Este, Lette oder Litauer dürfte den Abzug der russischen Truppen für »unumkehrbar« halten. Diese Staaten sind für sich und in ihrer Gesamtheit so klein und so schwach, daß sie einer russischen Armee, und sei sie in noch so desolatem Zustand, nur symbolischen Widerstand leisten könnten. Ihr russischer Bevölkerungsanteil – von »Minderheit« mag man kaum reden – ist so groß, daß eine russische Regierung jederzeit den »Schutz der eigenen Landsleute« als eigene Notwendigkeit in Anspruch nehmen könnte. Ebenso könnte sie geltend machen, diese Länder seien als schmaler Küstensaum vor der russischen Landmasse über Jahrhunderte und lange vor der amerikanischen Unabhängigkeit integraler Teil Rußlands gewesen. Andere Streitpunkte würden sich finden, zumal die baltischen Regierungen noch ungefestigt und unerfahren sind und unter dem Druck ihres sich fast zwangsläufig »antirussisch« definierenden Nationalismus stehen.

Wenn es eine »russische Gefahr« gibt, dann also im Baltikum. Wenn irgendwohin, gehört dorthin ein deutliches »Signal«. Dort wird Europa und der Zusammenhalt des Westens auf die Probe gestellt, nicht an seiner stärksten, sondern – wo sonst? – an seiner schwächsten Stelle. Tatsächlich ist das Baltikum der einzige Punkt, an dem – in Litauen und Lettland – die Sowjetunion noch mit einiger Gewaltanwendung versuchte, das Rad zurückzudrehen, und an dem nach Moskauer Berichten russische militärische Kreise im Falle eines NATO-Beitritts mit »Einmarsch« drohen. Das müßte eigentlich das stärkste Argument *für* einen Beitritt sein. Statt dessen wird jedoch überdeutlich gemacht, daß von den Beitrittskandidaten zur NATO die baltischen Staaten allenfalls an letzter Stelle in Betracht kämen; sie werden an das Ende der Schlange verwiesen.

Ein Aspekt dabei ist wohl die Hoffnung, doch noch russische Acquieszenz zum Beitritt der Visegrad-Staaten zu erlangen, um danach festzustellen, ob man noch den weiteren Schritt wagen oder sich mit dem Erreichten als immerhin vorzeigbarem und risikofreiem Erfolg begnügen sollte.

Ein solcher Kompromiß, es bei dem Beitritt nur der Visegrad-Staaten zur NATO zu belassen, wäre genau das falsche »Signal«, weil die ausdrückliche Ausklammerung des Baltikums einer Einladung an Rußland gleichkäme, sich dort ruhig zu bedienen. Dann wäre es besser, die »Osterweiterung« insgesamt in der Schwebe zu halten, um Rußland wenigstens das Kalkulieren des Risikos zu erschweren.

Die europäische (von vagem Unbehagen vielleicht nicht ganz freie) Gleichgültigkeit gegenüber diesem kaum zu verkennenden Sachverhalt ist schon bemerkenswert. Die kleinen baltischen Völker haben sich auf der europäischen Szene selten bemerkbar gemacht und sind »Europa« kaum bewußt, geschweige denn deutlich geworden, man weiß außerhalb des Ostseeraums knapp von ihrer Existenz. Schließlich hat »Europa« ohne sie und mit direkter russischer Herrschaft an der Ostsee lange auskömmlich gelebt. *Mourir pour Tallinn?* Wie buchstabiert man das?

So interessieren sich nur wenige für die Auslieferung der baltischen Völker an die Sowjetunion im Jahre 1940, obwohl sie einen Höhepunkt deutscher Schandtaten im Gefolge des Hitler-Stalin-Paktes darstellt. Wer an das baltische Schicksal zu erinnern wagte, wurde sogar als Kriegstreiber und Revanchist verdächtigt.

Das war nicht immer so. Als nach dem ersten Weltkrieg die deutschen Truppen die von ihnen besetzten Gebiete zu räumen hatten, machten die Alliierten für das Baltikum eine Ausnahme – eine Art *de facto*-Anerkennung, daß seine »Befreiung« zunächst dem Sieg deutscher Waffen zu verdanken war. Mit Billigung und auf Geheiß der Alliierten, teilweise sogar unter dem Kommando britischer Offiziere[44] kämpften deutsche Verbände weiter gegen bolschewistische Versuche, diese Länder wieder unter Kontrolle zu bringen, und blieben trotz des verworrenen Geflechts widerstreitender Interessen und Versprechungen und im Mit-, zeitweilig aber auch Gegeneinander deutscher, deutschbaltischer, estnischer, lettischer und weißrussischer Truppen erfolgreich. Den Preis zahlte letztlich die Weimarer Republik, wegen der »Umtriebe« verbitterter und aufsässiger »Baltikumer« und weil sie sich zwangsläufig in widersprüchliche und zweideutige Situationen verhedderte.

Inter faeces et urinam nascimur. Das Ergebnis war nicht nur die freilich prekäre Unabhängigkeit der baltischen Staaten, sondern vor allem der Abschluß eines wichtigen Kapitels der Geschichte des neu beginnenden Weltbürgerkriegs, in dem »die Rote Armee, für die die baltischen Länder der Brückenkopf im Kampf um die Weltrevolution waren«,[45] eine schwere Niederlage hinnehmen mußte – praktisch vor den Toren von Petersburg, wo die »Zehn Tage, die die Welt erschütterten«, stattgefunden hatten, die Weltrevolution nur hatte beginnen sollen. Diese längst vergessenen Scharmützel waren kein »lokales« Ereignis, sondern führten – mit den Straßenkämpfen in Berlin oder München, für die ebenfalls die Weimarer Republik zahlte, letztlich mit ihrer Existenz – zu der weltgeschichtlichen Folge, daß aus der *Welt*revolution nur eine *russische* Revolution wurde. Der Ostseeraum als Schicksalsraum – sogar für Leute, die nichts von seiner Existenz wissen.

Genau zu diesen auf dem Globus kaum als Punkt wahrnehmbaren baltischen Ländern hat uns die Spitze der nach »Osten« weisenden Kompaßnadel wieder geführt. Mit Recht sah auch Carl Bildt, zu der Zeit Schwedens Ministerpräsident, hier für Rußland wie für den Westen die *Lackmusprobe*: »Russisches Verhalten gegenüber diesen Staaten wird die wahre Natur russischen Bekenntnisses zu internationalen Normen und Prinzipien zeigen. Wenn Moskau die Unabhängigkeit der baltischen Staaten voll akzeptiert und ihre Rechte voll respektiert, kann man sicher sein, daß Rußland der Völkerfamilie beigetreten ist. Wenn Moskau aber ihre Souveränität in Frage stellt oder ihre Unabhängigkeit untergräbt, würde das signalisieren, daß Rußland abermals das internationale System bedrohen dürfte ... Viel steht auf dem Spiel, denn die Glaubwürdigkeit des Westens ist auf dem Balkan schwer geprüft worden. Er könnte sich noch härteren Proben in der baltischen Region aussetzen, wenn wir nicht die Stabilität des Verhältnisses zwischen Rußland und den drei baltischen Staaten sichern ... Die baltische Region wird zum kritischen Test zwischen Rußland und dem Westen. Wir dürfen nicht versagen.«[46]

Selbstverständlich sollen sich die baltischen Staaten ihrerseits um ein vernünftiges Verhältnis zu Rußland bemühen. Aber daß sie die ersten waren, die nach dem ersten Weltkrieg ihre Beziehungen zum Sowjetstaat »normalisierten«, bewahrte sie 1939 nicht davor, von ihm kurzerhand »geschluckt« zu werden.[47]

Auf diesem Prüfstand wird sich Europas Schicksal – die Frage, welches Europa entstehen soll – entscheiden: *Hic Rhodus, hic salta.* Das ist unangenehm und riskant; aber die Probe nicht zu bestehen, mag sich langfristig, vielleicht schon mittel- oder gar kurzfristig als noch riskanter erweisen. Die Geschichte zeigt, daß das kein Zufall wäre, weil der Knoten immer wieder an diesem sensitivsten Ort der imperialen Verfügungsmasse geschnürt wird.

Zu glauben, daß direkte Sicherheitsinteressen der (bisherigen) atlantischen Partner nicht betroffen seien, wäre plumpe *Realpolitik* im übelsten Sinne des Wortes und sehr kurzsichtig. Vielleicht erweist sich der vergessene Begriff der *Ehre*, den deutsche Intellektuelle für so überholt halten und beim französischen Nachbarn als »Prestigedenken« belächeln, als zeitgemäßer, sachgerechter und welthaltiger als sie glauben, als notwendiges Korrelat allen Handelns. Mehr als mit *gloire* hat er nämlich mit altrömischer *virtus* zu tun, mit tüchtiger und tapferer Rechtschaffenheit.[48] In Bosnien ging es genau darum. Weil »Ehre« nicht nur aus der Mode, sondern tabuisiert ist, war das kaum auf den Begriff zu bringen. »Glaubwürdigkeit« kommt noch am nächsten, bleibt aber Ersatz – vielleicht auch deshalb, weil sie weniger als »Wahrhaftigkeit« ist. Weil der »Westen« auf dem Balkan davon so viel eingebüßt hat, wird er sich, womit sich eine alte Regel bestätigt, doppelt anstrengen müssen.

Deutschland ist besonders gefordert, weniger wegen baltischer Barone und Professoren, sondern weil es Geburtshelfer der baltischen Staaten war und sich trotzdem zum Komplizen der Sowjetunion bei ihrer Unterdrückung machte. Auch hier sind aus der deutschen Vergangenheit Konsequenzen zu ziehen. Hier gilt auch angesichts seiner geographischen Lage erst recht: Wenn Deutschland sich nicht engagiert, warum sollten es andere tun?

An die Stelle der einen großen (zunehmend aber kontrollierbar erscheinenden) Bedrohung an stabiler Front sind »Zonen der Unsicherheit« getreten. Gleichzeitig verlagern sich die Gewichte von der *Central Front* an die »Flanken« und an die Peripherie der NATO. (So finden Jugoslawien- und Nahostkonflikt, soweit die NATO betroffen ist, an ihrer »Südflanke« statt.)

Die Raumrevolution seit 1989 verändert die Lage aller Ostseeanrainer wie die der NATO. Der Blick ist wieder frei für die Einheit des Ostseeraumes, und allen gemeinsam stellt sich die gedanklich noch kaum erfaßte Aufgabe, diesen

Raum einzurichten. Die Veränderung der strategischen Lage nach dem Ende der »Weltbürgerkriege« befreit das Atlantische Bündnis nicht nur von Problemen, sondern stellt es vor neue, bringt es in Räume, mit denen es sich nicht hatte befassen müssen, übrigens schon dadurch, daß Deutschland in höherem Maße Ostseemacht ist als die »alte« Bundesrepublik war. Doch weder diese bereits vollzogene »Osterweiterung« noch ein Beitritt Polens oder der Tschechischen Republik ist das eigentliche Problem des Bündnisses; es trägt nur wenig zur Lösung des größeren Problems bei, daß die Ostsee kein Nebenschauplatz mehr ist, sondern das Baltikum den neuralgischen Punkt schlechthin darstellt. Es handelt sich nicht nur um Probleme »postkommunistischer« Staaten. Mit der »Osterweiterung« stellt sich vielmehr die Frage der »Norderweiterung«.[49]

Regionalisierung und baltisches Bündnis

Aufgabe der NATO war nicht die Beherrschung des Ostseeraumes, sondern der Schutz des Gebiets der Bündnispartner. Nur in geringem Maße hatte sie im kalten Krieg eine »Ostseedimension«. An ihrer Nordflanke war bedeutsamer die »Nordkalotte«, die Polarkappe mit der Gefahr sowjetischen Zugriffs über Eismeer und Nordnorwegen auf die lebenswichtigen transatlantischen Verbindungen – nicht ohne Grund nennt sich das Bündnis ein *atlantisches.* Der NATO kam es auf Seeherrschaft nur im Atlantik an, nicht in der Ostsee, der dieser Begriff zwar aufgepfropft wird, aber nicht paßt.

Im Ostseeraum galten als Hauptbedrohung nicht die zwar überdimensionierte, aber für die Ostsee wenig geeignete sowjetische Baltische Flotte, sondern wie an der ganzen *Central Front* die Divisionen des Warschauer Paktes, am Ostseerand natürlich mit der Gefahr amphibischer Operationen. Seestrategisch stand aber ein wiederum atlantischer Bezug im Vordergrund, nämlich die Kontrolle und »Verkorkung« der Ostsee*ausgänge.* Aus der rein defensiven, auf Stabilität bedachten Strategie des kalten Krieges ergab sich als Ziel, die Teilung auch des Ostseeraumes nicht zu überwinden, sondern zu bewahren.

Die mühsame strategische Balance dieses Raumes wurde durch zwei NATO-Mächte (Dänemark und Bundesrepublik), drei Mitglieder des Warschauer Paktes (Sowjetunion, Polen und DDR) und zwei Neutrale (Schweden und Finnland) hergestellt, eine bemerkenswerte Symmetrie, wenn man die Größenunterschiede außer acht läßt. Es handelte sich um kein eigenes Sicherheitssystem, weil die eigentlichen *checks and balances* anderenorts hergestellt wurden, so wie auch der

»Skandinavismus« auf sicherheitspolitische Gemeinsamkeit verzichtet und kein »baltisches« Sicherheitssystem geschaffen hatte. Dennoch bedeutete hier Neutralität kein Vakuum, sondern wurde als feste Größe in das strategische Denken aller Beteiligten einbezogen.

Diese Lage hat sich für die bisherigen Bündnispartner wie für die Neutralen, also Schweden und Finnland, grundlegend verändert. Daß sich mit beider Hinwendung zur Europäischen Union, die nunmehr eine *Sicherheitskomponente* ausdrücklich enthält, eine Abkehr von der Neutralität verbindet, ist an sich unbestritten; diese Neutralität hatte ihren Bezugspunkt (»neutral« in welchem Konflikt?) bereits verloren. Indessen ist bisher kaum erwogen worden, was daraus folgert.

In Schweden wie in Finnland wurde zunächst »Neutralität« durch den Begriff der »Allianzfreiheit« ersetzt. Beide Mächte, die sich aus gewichtigen Gründen gegen das Bündnis und für eine Neutralität entschieden hatten, die sich durchaus bewährte, mochten nicht *post festum* einem Bündnis in dem Augenblick beitreten, in dem mit den Gründen für ihre Neutralität zugleich gewichtige Gründe für das Bündnis selbst entfielen. Schwedens bewaffnete Neutralität war den Verbündeten immerhin willkommen genug gewesen, um es als »heimlichen NATO-Partner« anzusehen (und der gleichzeitige Ausbau Schwedens zu einem anscheinend vorbildlichen Sozialstaat mag diese Jahre im Rückblick zum »goldenen Zeitalter« machen). Die aus der Not geborene Neutralität Finnlands, das sich gegen einen übermächtigen Nachbarn aus eigener Kraft behaupten mußte, so gut es eben ging, trug ihm sogar mit dem Stichwort der »Finnlandisierung« ein, als böses Beispiel »vorauseilenden Gehorsams« zu dienen. Ein Finne mag fragen: Wo wart ihr, als wir euch gebraucht hätten? Jetzt brauchen wir euch nicht mehr.

Das sind nicht nur Erfahrungen und Situationen des kalten Krieges, sondern seit langem verwurzelte Traditionen.

Um – mit dem schon im 18. Jahrhundert gebräuchlichen Ausdruck – *die Ruhe des Nordens* zu wahren, hatten sich die nordischen Staaten (in erster Linie geht es um Schweden, das im 19. Jahrhundert ja auch die norwegische Außenpolitik bestimmte) seit den napoleonischen Kriegen bemüht, sich von allen europäischen Konflikten fernzuhalten. Damit wollten sie nicht eigentlich für sich ein *Ende der Geschichte* beschließen, den Rückzug in nordische Beschaulichkeit antreten. Vielmehr lag die raumpolitische, *geopolitische* Erkenntnis vor, daß der lange Schatten Rußlands auch über Skandinavien lag. Es kam ihnen nicht auf »Freundschaft mit Rußland« an, sondern darauf, Konflikte mit Rußland, in denen Schweden seinerzeit fast verblutet wäre, künftig zu vermeiden.[50] Daß Skandinavien dagegen Anlaß sehen könnte, für Rußland Partei zu ergreifen, war kaum zu erwarten, während wiederum europäische Konflikte, an denen Rußland nicht beteiligt war, auch Skandinavien kaum tangieren würden. Das ist ein Fall von *challenge and response*, dessen Logik kaum zu beanstanden ist, und einmal mehr eine schwedisch-preußische Parallele, insoweit Preußen hinsichtlich Rußlands die gleiche Antwort gefunden hatte.

Verständlich genug, aber rückwärts gedacht, nicht vorwärts. Ohne Skandinavien ist der Ostseeraum nicht zu organisieren; und er ist nicht zu organisieren mit den Resten bisheriger Allianzen, Kooperationen oder Neutralisierungen.

Volker Rühe, offenbar der einzige deutsche Politiker, der sich mit raumpolitischen Konzeptionen hervorwagt, hat den nordischen Staaten nahegelegt, sich der Sicherheit der baltischen Staaten anzunehmen, solange die NATO das nicht tue. Wiederum verständlich, daß das in Skandinavien Entsetzen hervorrief: Wie komme das Atlantische Bündnis dazu, dem relativ schwachen Norden zuzumuten, das Risiko einer Konfrontation mit Rußland einzugehen, vor dem es selbst zurückschreckt?

Allein gewiß nicht. Denn die »politische Landschaft« hat

Militärische Konstellation im Ostsee-Raum während des Kalten Krieges

sich im Wortsinne, eben raumpolitisch verändert. Daß die Verkürzung des russischen »Schattens« Verminderung des Drucks auf Skandinavien bedeutet, ist nur eine Seite der Sache. Die andere Seite ist die, daß dadurch in der Nachbarschaft Räume freigelegt wurden, die neuer Strukturierung und Ordnung bedürfen. Skandinavien, vor allem Schweden, das seiner internationalen Verantwortung quasi ersatzweise im »universalistischen« Einsatz für die Vereinten Nationen gerecht zu werden suchte, findet seine Aufgaben jetzt vor seiner Haustür. Wenn von einem *Auszug aus der Geschichte* überhaupt geredet werden konnte, ist jetzt die *Rückkehr* unabweisbar, auch wenn der Gedanke irritieren mag. Die *Geschichte* selbst kehrt zurück. Immerhin besteht in Finnland wie in Schweden starkes Interesse an den baltischen Republiken; bei Schweden ließe sich von einer Wiederaufnahme des traditionellen, aber lange auf Eis gelegten Konzepts der »Gegenküste« reden. »Baltische« Pflichten gehören gewiß nicht zum behaglichsten, aber zum ehrenvollsten Teil seiner Geschichte. Die diplomatischen und doch deutlichen Worte, die Schwedens Ministerpräsident zu den baltischen Staaten als »Lackmustest« fand, zeigen, daß sie zu den »Pflichten« noch gerechnet werden.

Paradoxerweise befindet sich Deutschland in einer ähnlichen Lage wie Schweden, obwohl es durchaus nicht »neutral« war. Beide deutsche Staaten waren »Frontstaaten« und Berlin sogar eine »Frontstadt«. Doch nicht nur in Kreuzberg, sondern an jeder zeitweilig »ruhigen Front« entsteht eine sonderbare Schrebergartengemütlichkeit, eine »Frontidylle«.[51] Die lange Dauer dieses Zustandes im kalten Krieg machte vergessen, daß solcher Idylle nicht zu trauen ist, und glich sie »skandinavischer Beschaulichkeit« an. Ohnehin sind große strategische Gedanken nicht Sache des Frontsoldaten selbst einer *drôle de guerre*; er hat andere Sorgen und überläßt es fernen Stabsquartieren, Klötzchen und Pfeile auf Landkarten zu bewegen.

Die Fixierung auf den kalten Krieg und dessen unvorstellbare Alternative, die Deutschland verwüstet hätte, ließ übersehen, daß anderswo die Geschichte weiterging. Anderen Nationen blieb gewohnt, daß die Blicke schweifen müssen und gelegentlich auch Brände ausbrechen und eine »Feuerwehr« in Aktion zu treten hat. Mit Ausnahmen wie dem Vietnamkrieg nahmen die Deutschen die meisten dieser Scharmützel, oft auch jahrelangen »Buschkriege«, die Amerikaner, Briten oder Franzosen ohne Begeisterung, aber als mühselige – richtig oder falsch verstandene (das läßt sich im nachhinein besser beurteilen) – Pflicht führten, kaum zur Kenntnis oder konnten sich nicht genug mokieren, etwa über die »altmodischen« Briten im Falklandkrieg. In jedem Fall blieben sie Zuschauer. Deshalb kam es im Golfkrieg, der Deutschland zwar wirklich nicht bedrohte, aber nunmehr doch anging, zu den weltweit belächelten deutschen Hysterien. Dagegen hatte die letzte nicht unbegründete deutsche Kriegsfurcht wegen Korea 1950 und 1951 einerseits zwar zur »Ohne-mich-Bewegung«, ganz überwiegend aber vernünftigerweise zur »Westbindung« geführt. Darüber hinaus waren eigene strategische Überlegungen kaum notwendig und auch kaum möglich.

Das macht die deutsche Neuorientierung so schwierig. Angesichts der Bequemlichkeit des ungern verlassenen Logenplatzes wird sie als Zumutung empfunden. Mit Recht: Sie *ist* eine Zumutung, sogar eine sehr unangenehme. Riskante und schwierige Entscheidungen *sollten* ja unter Mühen und unter Qualen zustande kommen. Deutschland *sollte* sich angesichts seiner Vergangenheit auch schwertun. Nur muß es sich bewußt werden, daß es gerade wegen dieser Vergangenheit einiges noch zu beweisen hat. Von »Gloria, Viktoria« kann wahrlich nicht die Rede sein; soweit das nicht immer Literatengewäsch war, war es mehr Ausdruck der Erleichterung, wenn eine Sache mal gut ausging. Es geht darum, Bürden auf sich zu nehmen und sich nicht herauszureden.

Vielleicht verhilft die komplexe Lage im Ostseeraum dazu, einen anderen Ansatz zur Bewältigung der Probleme des »neuen« (eigentlich viel älteren) Europa zu finden als die etwas phantasielose und offensichtlich auf Schwierigkeiten stoßende lineare Erweiterung von NATO und Europäischer Union; die Ostsee als Lehrmeister. Dazu muß etwas ausgeholt werden.

Die NATO war nie ein Monolith. Neben dem französischen Ausscheren aus der militärischen Integration gab es eine Fülle weiterer »Fußnoten« und unterschiedlicher Regelungen bei der Unterstellung unter nationalen oder NATO-Oberbefehl und der Stationierung verbündeter Streitkräfte oder nuklearer Waffen. Vor allem ergab sich eine *regionale* Struktur mit erheblicher Selbständigkeit von »Nord«, »Süd« oder »Mitte«, die nach politischen und militärischen, geographischen und nationalen Gesichtspunkten austariert wurde, spezifische Interessen, Empfindlichkeiten und Eifersüchteleien zu berücksichtigen hatte und großen Aufwand an Takt und diplomatischem Scharfsinn forderte.

Ein Zwang zur Regionalisierung, den das militärische Bedürfnis nach Gliederung und Befehlswegen mit sich bringt, war in der Europäischen Gemeinschaft nicht vorhanden. Dort ging es im Gegenteil darum, einen *einheitlichen* Binnenmarkt, eine *einheitliche* Handelspolitik, eine *gemeinsame* Agrarpolitik zu schaffen und vorhandene Unterschiede abzubauen.

Ob jedoch das Ideal der »Einheitlichkeit« des ursprünglichen »Europa der Sechs«, auf dessen nach Produktivität, Bildungsstand, Lebensgewohnheiten »vergleichbare« Länder es ja paßte, sich in einem ständig größer werdenden Europa durchhalten läßt, ist inzwischen zu einem ungern wahrgenommenen, aber nicht mehr zu übersehenden Problem geworden. Würden nicht die mittel- und osteuropäischen Länder (wo schon über eine »Ersatz-EG« nachgedacht wurde) zu lange »vor der Tür stehen«? Ist eine Einteilung in

Europäer erster, zweiter und dritter Klasse auf Dauer tragfähig? Wäre vielleicht die Idee eines »Europa mit mehreren Geschwindigkeiten« kein Notbehelf, sondern der »europäischere« Gedanke, der der Vielfalt als europäischem Charakteristikum besser entspricht? Insofern führt der Begriff »Kerneuropa« in die Irre: Die am stärksten integrierten Staaten werden dadurch nicht »europäischer« als andere, und ob sie das Muster darstellen, dem jene nachzustreben hätten, ist nicht so klar wie es scheint. Daß die Benelux-Länder sich früher und gründlicher integrierten als die übrigen Staaten der »Sechs«, machte sie nicht zum »Kern«, um den sich die anderen gruppierten. Zweifellos waren sie »gute« Europäer, aber machte es sie zu »besseren«? Bei ihnen lagen Voraussetzungen vor, die bei anderen so nicht oder noch nicht gegeben waren. Schon die Süderweiterung der EG brachte erhebliche Probleme, und der schwedische Beitritt ließ spanisch-britische Fischereiquerelen aufleben. Daß nicht überall gleichzeitig »vertieft« *und* »erweitert« werden kann, daß es sich um unterschiedliche und prinzipiell einander ausschließende Zielrichtungen handelt, bleibt wahr, auch wenn es keiner hören mag: Je mehr »Maastricht« bei den »einen«, desto größer der Abstand zu den »anderen«.

Doch auch institutionell stellt sich die Frage, ob die Europäische Union weiterhin so »regiert« werden kann wie das »Europa der Sechs«, wobei es hier nicht um »Demokratisierung«, also die Gewichtsverteilung zwischen Rat, Kommission und Parlament geht, sondern um die Vermutung, daß eine Vervielfachung der Mitgliederzahl andere Prozeduren erfordert. Das gilt zunächst schon für die Spitze, also für Zusammensetzung und Arbeitsfähigkeit des Europäischen wie übrigens auch des Nordatlantischen Rates, für den nationalen Proporz in anderen Führungsgremien und dergleichen. Es geht aber um mehr.

Schon vor Jahren wurde die Frage stärkerer Regionalisierung Europas aufgeworfen. Das war mehr ein Angriff auf die

Rolle der Nationalstaaten; deutschen Länderfürsten mit außenpolitischem Ehrgeiz war der Gedanke sympathisch. Aber eher wäre über eine Regionalisierung nachzudenken, deren »Regionen« nicht nur staatenübergreifend sind, sondern mehrere Staaten umfassen. Das wäre eine neue Form von Föderalismus, der sich nicht – wie bisher – auf das Verhältnis zwischen Bund und Bundesstaat beschränkt. Ein »Europa der Föderationen«?

Es gibt nämlich ein simples organisationspolitisches und quantitatives Problem, das sich an den deutschen Bundesländern exemplifizieren läßt: Die wenigen Landkreise eines kleinen Landes können problemlos mit der Landesregierung verkehren und von dieser gelenkt und beaufsichtigt werden. Je mehr aber in den größeren Flächenstaaten ihre Zahl zunimmt, um so mehr treten sie sich in der Zentrale gegenseitig auf die Füße, und für die Zentrale wird es zunehmend mühsam, den Überblick zu behalten. Dann bedarf es der Mittelinstanzen, Regierungsbezirke, Landschaftsverbände, man nenne und organisiere sie, wie man wolle. Das Problem tritt aber nicht nur bei Ländern, sondern überall und ständig auf: Jede Sparkasse wird bei wachsender Zahl der Filialen Bezirksdirektionen einrichten; beim Militär wird von keinem Kommandeur erwartet, mehr als drei oder vier Verbände – gleichviel ob Bataillone, Brigaden, Korps – zu führen und in der Hand zu behalten. Europa mag ein kleiner Kontinent sein, aber die Zahl seiner Staaten und seine Vielfalt sind beachtlich.

Von dieser Problematik wird eine größer werdende Europäische Union nicht verschont bleiben. In der »alten« Europäischen Gemeinschaft, im Westen Europas mit seinen relativ großen, alten und stabilen Nationalstaaten ist das weniger sichtbar. Dort hatte der Nationalismus ja – bis zur Einigung Italiens und (»verspätet« oder nicht) Deutschlands – größere Räume geschaffen, zur Überwindung der *elenden Kleinstaaterei* beigetragen. Auf seiner weiteren Wanderung nach Osten hingegen schuf der Nationalismus gerade Kleinstaaten und splitterte vorhandene und organisierte Räume auf. Dort geht es also um Re-Regionalisierung. Dort ist die Frage der »Mittelinstanz«, wie auch bescheidene Versuche regionaler Zusammenarbeit zeigen, hochaktuell und vermutlich der einzige Ansatz, von dem aus sich brauchbare Strukturen entwickeln lassen.

Für die Europäische Union als solche wird eine Regionalisierung zweifellos schwierig. Die »verschiedenen Geschwindigkeiten« sind kein Raum-, sondern ein Produktivitätsproblem, auch soweit sie auf Unterschiede der Raumgeschichte zurückzuführen sind. Gerade in dem gut definierbaren Ostseeraum stehen hochentwickelte und reiche Volkswirtschaften neben armen, lange vernachlässigten und durch Planwirtschaft verödeten. Das Gefälle zwischen »alten« und »neuen« Bundesländern ist ein vergleichsweise noch harmloses Beispiel.

Sicherheitsfragen dagegen sind genuine Raumprobleme. Zudem erscheinen sie noch dringlicher, aber auch leichter lösbar, sofern nur der Wille dazu vorhanden ist. Atlantische Allianz und europäische Integration standen zwar immer im Zusammenhang, haben sich aber nie gedeckt und tun dies heute weniger denn je.

Eine europäische »Region« wäre zweifellos der Donauraum. In seinen Umrissen ähnelt er der habsburgischen Donaumonarchie, nicht aus k.u.k. Nostalgie, sondern weil es nun einmal den geographischen, historischen, ökonomischen Gegebenheiten entspricht. Das von Serbien ausgehende »jugoslawische« Konzept war ein Gegenentwurf, ein »Gegenreich«, das mit Slowenien, Kroatien und Bosnien Teile dieses Raums für sich in Anspruch nahm. Die künftigen Konturen dieser »Region« oder »Regionen« sind freilich im Pulverdampf der »Balkanwirren« – nicht nur in Bosnien – noch nicht zu erkennen.

Doch eine weitere »Region« ist der Ostseeraum. An den

baltischen Staaten wird die Notwendigkeit der »Regionalisierung« besonders deutlich. Keiner dieser Staaten ist im Grunde »lebensfähig«. Sie sind an sich schon, und verschlimmert durch ihre nur mit den Folgen des Dreißigjährigen Krieges vergleichbaren Verluste an menschlicher Substanz unter sowjetischer Herrschaft, zu klein und zu schwach, nicht nur um – wesentliches Element der Staatlichkeit – sich nach außen zu schützen, sondern sogar zu klein und zu schwach, um den Ansprüchen zu genügen, die ein normaler europäischer Bürger an seinen Staat als »Leistungsträger« stellt.

Selbst ein Zusammenschluß der drei baltischen Staaten würde das nicht wesentlich ändern und zudem darauf stoßen, daß diese Völker trotz historischer Gemeinsamkeiten miteinander wenig zu tun haben, schon weil sie sich weder untereinander noch – mit Ausnahme von Finnen und Esten – mit ihren Nachbarn in den einander wahrhaft »fremden« Landessprachen auch nur notdürftig verständigen könnten. *Lingua franca* müßte eine Sprache außerhalb ihres Raumes sein – zumal Russisch aus naheliegenden Gründen keine Akzeptanz fände.

Aber das ist der Punkt. Voraussetzung dafür, daß die baltischen Völker ihre »Identität«, ihre zähe Heimatliebe, selbst ihre »Provinzialität« wahren und entwickeln konnten, war ihre Einbindung in einen übernationalen »Reichsverband«.[52] Sie könnten als »Mahnmal« zum Anknüpfungspunkt werden an den Gedanken eines baltischen Großreichs, wie er von Dänen, Polen, Schweden und anderen über Jahrhunderte verfolgt wurde, aber nie zur Vollendung kam. Dazu allerdings müßten alle – nicht allein die baltischen – Völker dieses Raumes ihre Zusammengehörigkeit wieder erlernen. Wenn nichts anderes, sollten die Erfahrungen mit siebzig Jahren »Sowjetmacht« das einleuchtend machen.

War ein »Reich« vor allem ein »Versicherungsverein auf Gegenseitigkeit«, dann ist dessen moderne Ausprägung ein Bündnis wie das Nordatlantische. Denn die Raumeinheit kann nicht mehr durch die Vereinigung der »Kronen« einzelner Herrscher als Souveräne geschaffen werden, sondern muß von den »Nationen« als Trägern demokratisch legitimierter Souveränität bewerkstelligt werden. Anders als traditionelle Bündnisse, die nur auf Zeit geschlossen wurden, ist ein solches Bündnis gleich einem »Reich« auf Dauer angelegt und mit eigenen Strukturen, Entscheidungsebenen und Befehlssträngen ausgestattet.

Die NATO bestand nie nur aus ihrer militärischen Organisation. Auch abgesehen von den politischen Problemen, die in diesem Zusammenhang zu bewältigen waren, verstand sich das Bündnis in erster Linie als *politische* Allianz (neuerdings mit dem Begriff der »Wertegemeinschaft« umschrieben), die lange vor der Europäischen Gemeinschaft in einem permanenten und durchstrukturierten Konsultationsprozeß zu gewichtigen politischen Entscheidungen und zu einem umfassenden Informations- und Meinungsaustausch kam, der nicht zuletzt kleineren Partnern hilfreich war. Grundsätzlich konnte jedes Thema aufgegriffen werden – auch wenn es manches Weltbild erschüttern sollte, versuchte das Bündnis auf Anregung von Präsident Nixon schon 1969, Umweltfragen aufzugreifen.[53] Mit anderen Worten: Ein solches Bündnis kann ein sehr lebendiger und wirksamer Organismus, seinen Mitgliedern »Heimat« sein.

Die NATO war im westlichen Bündnissystem kein Unikat. Ganz abgesehen von der Westeuropäischen Union gab es Schwesterorganisationen mit anderer regionaler Zuordnung, aber ähnlichen Aufgaben und überlappenden Mitgliedschaften: CENTO, die aus dem Bagdadpakt hervorgegangene *Central Treaty Organization* mit der Türkei, Iran, Pakistan, Großbritannien (und anfänglich dem Irak) als Mitgliedern und den USA mit »Beobachterstatus« und bilateralen Verträgen, existierte immerhin, wenn auch mehr formal, bis zum Sturz des Schah. Das war eine intelligente Idee, und daß sie sich wegen verschiedener Querelen und »Umwälzungen«

nie recht durchsetzte, gereichte ihren Mitgliedern und dem gesamten Raum, der seitdem keine Ruhe mehr fand, zum Schaden. SEATO, die pazifische *South-East Asia Treaty Organization*, trägt bis zum heutigen Tage zur Stabilität der Region bei.

Nach diesem Muster würde sich anbieten, einen Ostseepakt, ein *Baltisches Bündnis* zu schaffen, eine *BALTO*, der, freilich mit Ausnahme Rußlands, alle Ostseeanrainer angehören sollten. (Ob Norwegen dazu gehören sollte, wäre eine Frage skandinavischer Gemeinsamkeit.) Denn die Sicherung der »Ruhe des Nordens« ist deren ureigenste Aufgabe.

Ausgangspunkt dieses »Baltischen Bündnisses« könnte die bereits ins Leben gerufene Außenministerkonferenz der Anrainerstaaten sein, für die auf schwedischen Vorschlag ein ständiges Sekretariat schon in Aussicht genommen ist. Aber auch die bisherige »nordische« Zusammenarbeit käme als Grundlage in Betracht, so daß »geborenes« oberstes Gremium der bisherige und lediglich zu erweiternde »Nordische Rat« werden würde. Diese Zusammenarbeit sah ein eigenes »Sicherheitssystem« bisher nicht vor; wohl aber gibt es eine »nordische« militärische Zusammenarbeit z.B. hinsichtlich gemeinsamer UN-Kontingente.

Statt einer Randlage wüchse mit diesem Bündnis Skandinavien, vornehmlich Schweden, wieder eine zentrale Funktion zu. Es würde wieder eine »Gegenküste«, das Baltikum das ihm fehlende »Hinterland« gewinnen, im Sinne des »Sprungs über den Bach«, von dem Gustav Adolf sprach.

Es würde sich indessen um keine lediglich skandinavische Angelegenheit handeln. Denn es geht nicht ohne das »Herzland« Polen, schon wegen des »jagiellonischen« Blickwinkels, aus dem das Baltikum kein in der Luft hängender schmaler Streifen ist, sondern eine natürliche Verlängerung der polnischen Ostseeküste. Erst diese baltische Komponente, die dem Marschall Pilsudski so bewußt war, mit der er sich aber nicht durchsetzen konnte, beendet für Polen die Gefahr der Marginalisierung, sichert seine Rolle als »Zentralmacht«.

Auch die Ostseemacht Deutschland müßte ihr Gewicht in dieses Bündnis einbringen, aus dem Eigeninteresse, nicht allein »östlicher Vorposten« zu sein, aber vor allem: Wo sonst fände Polen seinen Anschluß und sein »Hinterland«?

Das Bündnis hätte eine ganz eindrucksvolle Verteidigungskapazität, in der die schwachen Streitkräfte der baltischen Staaten sinnvolle Verankerung fänden. Soweit die geringe Neigung der NATO, sich mit dem Baltikum zu befassen, auf die praktische Schwierigkeit zurückgeht, das mit bisherigen Mitteln zu tun, bietet sich hier die Lösung an.

Es würde sich, obwohl das ihren potentiellen Mitgliedern noch kaum bewußt sein dürfte, um eine relativ homogene Gemeinschaft mit gemeinsamen Interessen handeln; und die Stimmen ihrer Mitglieder kämen mehr zur Geltung als bei bloßer Addition zur NATO. Statt Addition und statt des bisherigen *chacun pour soi* würde ein Bündnis entstehen, dessen raumordnende Funktion und strategische Logik sich aus der Sache ergibt. Ein Baltisches Bündnis würde einen Raum abdecken, der von der Atlantischen Allianz nicht erfaßt, nicht zum Gegenstand ihres Interesses gemacht wurde und einen Zustand herstellen, wie er dessen natürlichen Gegebenheiten entspricht und durch die Jahrhunderte in immer neuen, aber (mit dem Ausdruck Toynbees) »steckenbleibenden« Versuchen angestrebt wurde.

Für Nordosteuropa würde sich die Forderung einer europäischen *Sicherheitskomponente* damit erfüllen. Es könnte zum Vorbild weiterer Regionalisierungen werden. Doch weil sie sich hier geradezu zwingend ergibt, kommt es nicht in erster Linie darauf an, ob ähnliche Voraussetzungen auch anderswo vorliegen.

Umgekehrt ist ohne Sicherheitskomponente ein politisches Bündnis kaum denkbar. Aber es erschöpft sich nicht darin. Nur ein solches Bündnis wäre in der Lage, die vielfältigen, aber noch diffusen Bemühungen um Kooperation im Ostseeraum zu bündeln und ihnen Rahmen und Richtung zu geben. Die Notwendigkeit solcher Kooperation wird ja offensichtlich schon erkannt; die in der Logik der Sache liegende Konsequenz eines Bündnisses würde nur »Angst vor der eigenen Courage« nicht ziehen.

Insofern ist zwar wichtig, aber im Grunde zweitrangig, wie dieses Bündnis in das westliche Sicherheitssystem einzupassen wäre, ob es eine regionale Unterorganisation von NATO oder WEU (oder beiden) würde oder aber selbständig neben ihnen als Schwesterorganisation stünde (eine Verbindung zur NATO ergäbe sich schon aus der deutsch-dänischen Doppelmitgliedschaft).

Zweifellos wäre Eingliederung in das Atlantische Bündnis wünschenswert, einmal, weil Polen und die baltischen Staaten so großen Wert auf die amerikanischen Garantien legen, und zum anderen, weil WEU-Mitgliedschaft ohne NATO-Mitgliedschaft als problematisch gilt. Doch ist die WEU auf diesem Wege bereits weit fortgeschritten und ohnehin kaum mehr »*west*europäisch«.

Direkte amerikanische Beteiligung könnte auf Vorbehalte stoßen, weniger durch ein russisches »Veto«, das sie sogar beschleunigen könnte, als vor allem in Amerika selbst gegen eine Ausweitung des eigenen Engagements und bei den »Neutralen«, die bisher »ohne« ausgekommen waren.

Indessen meint gerade der Schwede Carl Bildt hierzu: »Die Sicherheitsfragen Estlands, Lettlands und Litauens werden die Bereitschaft und Fähigkeit der Vereinigten Staaten, die russische Politik zu beeinflussen und zu der neuen Sicherheitsordnung in Mittel- und Osteuropa beizutragen, auf die Probe stellen.«[54] Gleichzeitig hebt er den bereits bedeutenden Beitrag der amerikanischen öffentlichen wie stillen Diplomatie in baltischen Angelegenheiten hervor, so durch den demonstrativen Besuch des Präsidenten Clinton in Riga, dessen Worte *We will stand with you, we will help you, we will be partners so that your nation can be forever free* Jahrzehnte nachhallen würden. Das könnte man für unverbindliche Rhetorik einer für ihr Fluktuieren berüchtigten Administration halten. Doch es geht um keinen beliebigen lokalen *troublespot*,[55] sondern um einen hochneuralgischen Punkt, der bis in die letzten Fasern des Nervensystems auch der amerikanisch-russischen Beziehungen zu spüren sein wird. Und so ist nicht ohne Interesse, daß Schwedens Premier die Vereinigten Staaten hier hochoffiziös festzunageln sucht.

Notfalls aber müßte das »Baltische Bündnis« auf eigenen Füßen stehen. Das wichtigste ist ein klares *commitment*, eine klare gegenseitige Beistandsklausel seiner Mitglieder. Das wäre immer noch besser als eine lediglich partielle und halbherzige »Osterweiterung« der NATO selbst. Angesichts der erhöhten Bedeutung der »NATO-Flanken« ist größere Selbständigkeit der erweiterten »Nordflanke« ohnehin kaum zu vermeiden. Im übrigen werden die Vereinigten Staaten die »transatlantische Brücke« um so eher und lieber beschreiten, je tragfähiger und stabiler deren »europäische Pfeiler« sind.

Für Formen einer »transatlantischen Komponente«, die auch wegen der deutschen »Einbindung« wichtig wäre, ließen sich jedenfalls Muster finden. Vielleicht läge hier sogar der Ansatzpunkt für einen überwölbenden neuen »Atlantischen Vertrag« zur Sicherung der europäisch-amerikanischen Zusammenarbeit, ein seit einiger Zeit kursierender Gedanke, der plausibel erscheint, ohne bisher recht belebt zu werden. Das »Atlantische Bündnis« ist eine Sache, die Form seiner Organisation – das »O« in »NATO« – »lagebedingt«.

Dies ist jedenfalls ein Weg, ein Sprung über die künstlichen Fronten des kalten Krieges, der Weltbürgerkriege überhaupt, um mit dem hinterlassenen Trichterfeld oder Niemandsland aufzuräumen, das sich allein weder politisch oder sicherheitspolitisch noch ökonomisch organisieren oder auch nur definieren läßt, aber nicht verdient, vom übrigen Europa nur als »Sozialfall« angesehen zu werden. Wenn Begriffe wie »Zwischeneuropa«, *Cordon sanitaire* oder »Pufferstaaten« in Vergessenheit geraten, weil der Ostseeraum und ähnlich vielleicht der Donauraum sich so organisieren, wie es ihren historischen und geographischen Gegebenheiten, ihrer natürlichen Einheit entspricht, dann kann die Spaltung Europas als überwunden gelten. Der Ostseeraum zeigt, daß nicht mehr in bloßen Ost-West-Kategorien gedacht werden darf.

Rußland, das die Ostsee nur noch berührt, *könnte* einem solchen Bündnis nicht einmal beitreten, wobei es hier nicht um die Widerstände dagegen geht, sondern darum, daß die anderen Teilnehmer Verpflichtungen weit außerhalb des Ostseeraumes nicht übernehmen könnten und Rußland sie auch nicht benötigt. Insofern braucht dieses Bündnis Rußland nicht zu stören.

Jawohl, sein Zweck wäre auch Sicherheit *vor* Rußland. Die aus dem ehemaligen sowjetischen Machtbereich kommenden Mitglieder haben unterschiedliche »Bedrohungsanalysen«, aber gemeinsam ist ihnen, daß sie sich von Rußland abkehren, ihm den Rücken zuwenden – damit wird Rußland in jedem Falle zu leben haben, und es wird an ihm liegen, »gute Nachbarschaft« möglich zu machen; das ist sowieso Pflicht der Großen. Das Bündnis wird dadurch noch nicht zu einem Bündnis *gegen* Rußland.

Tatsächlich böte es mehr Sicherheit auch *für* Rußland, weil die im Bündnis geborgenen baltischen Staaten weniger nervös wären und dem Einfluß ihrer Partner unterlägen – Rußland hat an seinen kaukasischen, zentralasiatischen und fernöstlichen Grenzen genug Sorgen, um für Ruhe an einer »Front« dankbar zu sein. Rußland wird Schwierigkeiten haben, sich an diesen Gedanken zu gewöhnen. Aber schließlich mag es einsehen, daß auch ihm mit einem »Niemandsland« nicht gedient ist. Das »Europäische Haus« braucht keinen *Cordon sanitaire*. Es verträgt ihn nicht einmal.

Mitte und Westbindung

In einer »Verdachtskultur« könnten diese Vorschläge Vermutungen wecken, hier gehe es doch wieder um ein von einem übermächtigen Deutschland dominiertes »Mitteleuropa«, um eine Lockerung der »Westbindung«. Eine wesentliche Voraussetzung für das Konzept Friedrich Naumanns war freilich die Existenz der österreichisch-ungarischen Monarchie, die es nicht mehr gibt, was man ja bedauern darf. Ferner dürften gerade die Deutschen, die vor dem übermäßigen Gewicht ihres Landes warnen, eben dieses Gewicht überschätzen. »Mach Dich eh nicht so klein, vielleicht bist eh nicht so groß«, riet sein Vater dem österreichischen Kanzler Bruno Kreisky. Tatsächlich kommen auf Deutschland keine »Machtzuwächse«, sondern eher weitere Belastungen zu. Dennoch wurde hier eine gewisse Mühe darauf verwandt, für eine »Einbindung« Deutschlands zu plädieren und darauf hinzuweisen, daß nicht Deutschland, sondern Polen die Mitte des in Frage stehenden Raumes bildet.

Ein Begriff wie »Mitteleuropa« ist, wie Karl Schlögel anmerkt, politisch weder »links« noch »rechts«. Er bedeutet keine Option für oder gegen ein bestimmtes Bündnis oder gar für einen »dritten Weg«, sondern stellt zunächst nur einen Raumbegriff dar, der sogar »wandern« kann und aus dem ganz unterschiedliche Schlüsse gezogen werden können. Der Punkt ist eher der, daß während des Ost-West-Konflikts von einer Existenz »Mitteleuropas« ernsthaft kaum gesprochen werden konnte. Allerdings hatten neutralistische Bestrebungen im Westen der fünfziger Jahre und spätere Bemühungen um »atomwaffenfreie Zonen«, »Auseinanderrücken der Blöcke« usw. einen gewissen »mitteleuropäischen« Gehalt, mit antiwestlicher, insbesondere antiamerikanischer

Spitze, während in den achtziger Jahren »Mitteleuropa« hingegen in Polen oder Ungarn zum antisowjetischen Kampfbegriff wurde. Es wäre eine Untersuchung wert, warum solche Gedanken in der DDR (außer vorübergehend in ihrer Endphase nach der »Wende«) so wenig Echo fanden. Heute ist das kaum aktuell. Wohl aber ist darüber nachzudenken, wie der »befreite«, wieder existente Raum zu organisieren ist, und das wurde hier versucht.

Und dabei stellte sich heraus, daß es nicht ein »Mitteleuropa« oder »Ostmitteleuropa« gibt, sondern dieses sich auf (mindestens) zwei Räume aufteilt, den Ostseeraum oder baltischen Raum und den Donauraum, dem man wohl fast alles zurechnen muß, was als »Südosteuropa« von »Osteuropa« unterschieden wurde. Es ist überhaupt etwas mißlich, von »Mitte« zu sprechen. Denn in beiden Fällen handelt es sich auch um Grenzräume und zudem um zwei ganz verschiedene Räume, die nicht mehr miteinander gemein haben als andere benachbarte Räume auch, die sich jeweils als *intelligible field of study* darstellen, als besonderer historischer und Lebenszusammenhang. Die Postulierung eines »Zwischeneuropa« oder einer Kette postkommunistischer »Reformstaaten« zerreißt diese gewachsenen Zusammenhänge; da wird etwas zusammengefügt, was nicht zusammengehört.

Hier wurde schon gesagt, daß Polen sich der Ostsee nie zuwandte. Es fühlte sich vielmehr einem anderen Raum zugehörig, nämlich dem Donauraum. Für diesen folgenschweren Irrtum gab es Gründe: Reformation und Gegenreformation, Streit mit den »germanischen« Völkern der Ostsee, Verwandtschaft mit anderen »slawischen« Völkern, aber auch den »Türkenbezwinger« Jan Sobieski und den Austroslawismus.

Der Donauraum ist dem Ostseeraum zwar in manchem verwandt und jedenfalls benachbart. Die Räume des »Europäischen Hauses« sind nicht gegeneinander abgeschottet, es gibt Gemeinsamkeiten und Mischzonen, Zonen des Übergangs. Trotzdem handelt es sich um verschiedene Räume mit jeweils anderen großen historischen Themen.

Großes Thema des (habsburgisch dominierten) Donauraums war jahrhundertelang die Auseinandersetzung mit den Osmanen und schließlich ihre Verdrängung vom Balkan. Später kam dann das russische Ausgreifen in diesen Raum. Wie beide Themen miteinander verwoben und weiterhin aktuell sind, ist täglich in der Zeitung über Bosnier, Serben und Kroaten nachzulesen.

Ja gewiß, die Polen haben gegen die Osmanen gekämpft, die Brandenburger übrigens auch. Aber das gehört nicht zu den großen Themen des Ostseeraums, für den die Osmanen weit weg waren und, weil keine so unmittelbare Bedrohung, gelegentlich gar als Verbündete in Betracht gezogen wurden. Dort wurde vielmehr zum großen Thema gerade das Zurückdrängen des habsburgischen Einflusses, die Etablierung der Reformation und protestantischer Großstaaten. Dazu kam dann der lange Schatten Rußlands; die daraus erwachsenden Probleme stellten sich direkter als im Donauraum, ohne osmanische Zusammenhänge und weitaus bedrängender.

Polen verhielt sich so, als gehöre es nicht zum Ostseeraum, sondern zum Donauraum; aber das erlaubte die Geographie nicht; so machte es sich in dem Raum, dessen Zentrum es eigentlich war, zum eingekapselten Fremdkörper, ohne doch das Gewicht des Donauraums hinter sich bringen zu können. So wurde es erst zum Instrument, dann zum Objekt fremder, auch raumfremder und nicht auf Polen bezogener Interessen.

Die eigenen Existenzvoraussetzungen zu verkennen, ist keine polnische Spezialität; gerade die Deutschen haben es darin weit gebracht. Der aggressive und zugleich enge Nationalismus ist wie die andere Seite derselben Medaille, nämlich die zur Zeit in Deutschland beliebte und nur die Vorzeichen umkehrende Nabelschau, narzißtisch und unfähig, die wirkliche »Lage der Nation« in der Staatengemeinschaft zu erkennen. Wenn Polen jetzt seine eigenen Irrtümer berichtigt und auf »atlantischem« Umweg seinen Platz als großes Ostseeland ausfüllt, wird es für Deutschland zum nachahmenswerten Beispiel; es scheint, daß die öffentliche Diskussion in Polen insgesamt unbefangener und reifer geführt wird als die deutsche, über die sie sich bereits amüsiert. Dazu bedarf es keiner »Visionen«, nur der Vernunft.

Daß die bestehende Weltordnung angelsächsisch-protestantisch entstanden und noch weitgehend bestimmt und normiert ist, ist fast eine Binsenwahrheit. Der Anteil des Ostseeraumes daran wird jedoch weitgehend ignoriert. In dem für Deutschland so verheerenden Dreißigjährigen Kriege hätte Wallensteins »großer Plan« die Entstehung dieser Ordnung verhindert. Vielmehr hätte das Haus Habsburg mit Hilfe des spanisch-lusitanischen Erbes der »Neuen Welt« eine ganz andere, eine nicht-protestantische Weltordnung mit anderen Zentren begründet, die sich gewiß auch »kapitalistisch« organisiert hätte, aber romanischer, autoritärer, kontinentaler, formalistischer und ohne – Max Weber, Tawney – protestantisches Ethos. In einer solchen Ordnung wären die Nachfahren des Francis Drake eine mindere Irritation gewesen, ein rekatholisiertes England hätte einen bescheidenen Platz in ihr gefunden, die Vereinigten Staaten wären nie entstanden. Wenn es dieser Alternative auch kaum an *humanitas* und Urbanität gefehlt haben würde, wäre doch von Freiheits- und Menschenrechten, von Säkularisierung, Liberalismus, Rechtsstaat und Demokratie so bald nicht die Rede gewesen.

Es ist erlaubt, die Reformation für ein Unheil zu halten. Aber ein »Betriebsunfall« war sie nicht. Sie hat letztlich das »Abendland« nicht gespalten, sondern seine geistigen Energien wie in den *beiden* Brennpunkten einer Ellipse gebündelt, in einen dialektischen, kontrapunktischen Prozeß gezwungen und damit überhaupt erst freigesetzt. Sie war kein Sektengezänk über abstruse und irrelevante Fragen, wie einer »postmodernen« glaubenslosen Gesellschaft scheinen mag, die nur zynisches Machtpokern erkennen will. Sie hat einen Modernisierungsschub nach dem anderen ausgelöst und ist heute noch wirkungsmächtig.

An den Wällen von Stralsund scheiterte Wallensteins »großer Plan«.[56] Gustav Adolf und der norddeutsche Protestantismus wurden an der Ostsee die Geburtshelfer des angelsächsisch-protestantischen Weltsystems; ohne sie gäbe es nicht, was heute der »Westen« genannt wird, Armada hin oder her. Sie waren es auch stellvertretend, weil England sich dieser protestantischen Front, in die es doch gehörte, damals versagte, sein König vielmehr mit einer *Spanish Connection* liebäugelte. Sie dagegen waren von Anfang an dabei. Ein »östlicher« und »protestantischer« werdendes Deutschland entfremdet sich nicht dem »Westen«; im Gegenteil, es wird »atlantischer«.

Über die Zugehörigkeit des gesamten Ostseeraumes zum »Westen« in diesem Sinne kann es nicht den geringsten Zweifel geben; auch Rußland drängte an die ihm eigentlich fremde Ostsee, um »westlicher« zu werden. Daß die skandinavischen Länder nicht »verwestlicht«, sondern Vorbilder »westlicher« Demokratisierung sind, ist nicht zu bestreiten. Die Ostsee mag fast ein Binnenmeer sein, aber sie gehört zur »atlantischen« Welt und keiner anderen, und mit dieser stehen oder fallen ihre Völker.

An der Ostsee sind weltpolitische Entscheidungen gefallen. Dort entschied sich Preußens Aufstieg und Rußlands »petrinischer« Einstieg in das europäische Staatensystem; aber auch die »Zehn Tage, die die Welt erschütterten«, fanden in Petersburg statt. Es war kein Zufall, sondern angesichts der nicht gelungenen Ordnung des Raumes weder unlogisch noch unerwartet, daß der zweite Weltkrieg in Polen begann. Und in der alten Hansestadt Danzig begann Solidarnosc den Abbruch des sowjetischen Imperiums, das die Welt so lange in Atem gehalten hatte. Die Ostsee, ein *backwater*? Eher ein Wetterwinkel der Weltgeschichte. Noch ist das Wetterleuchten über dem Baltikum verhalten. Dürfen wir, aus Bequemlichkeit oder gar aus Müdigkeit, die sich als »Friedensliebe« tarnt, die Sturmwarnungen überhören? Noch ist Zeit, diesen Teil des »Europäischen Hauses« wetterfest zu machen.

Anmerkungen

1 Hierzu Panajotis Kondylis »Planetarische Politik nach dem Kalten Krieg«, Berlin 1992

2 Später wurden die Briten zum Vorbild. Das führte einerseits zu Versuchen der »Landmächte«, es den »Seemächten« gleichzutun, sie auf ihrem eigenen Gebiet gar zu übertrumpfen, andererseits zu der eigentlich merkwürdigen Tendenz, in der Kriegsflotte ein »liberales« Gegengewicht zum »feudalistischen« Landheer zu sehen. Der Navalismus der deutschen Revolution von 1848 ist da ein interessantes Phänomen. Noch danach setzte Österreich seine Flotte – Erdumseglung der »Novara« – ja nicht ohne Geschick ein, um seine »deutsche Mission« zur Geltung zu bringen und sie Preußen wieder abzujagen.

3 Die kaiserliche Marine tat sich lange schwer, ihre Aufgabe zu definieren, zumal sie mit dem Landheer »gleichberechtigt« sein wollte. Küstenschutz war klar, aber ebenso, daß die sich angesichts wachsender deutscher »Seegeltung« und Exportabhängigkeit aufdrängende Priorität des Handelsschutzes im »Ernstfall« nicht zu erfüllen war. Die unglückselige Tirpitzsche Idee, dann lieber gleich den britischen Löwen in seiner Höhle aufzusuchen, hat jedenfalls nichts mehr mit der Ostsee zu tun und ist hier nicht zu behandeln.

4 Die verschiedenen Deutungen dieses Akronyms laufen auf dasselbe hinaus, auf den habsburgischen Anspruch der Universalmonarchie: »Austria est imperare orbi universo« oder »Austria erit in orbe ultima«, oder auch deutsch »Alles Erdreich ist Oesterreich untertan«. Das Akronym geht nicht, wie Michel Mollat du Jourdin meint, auf Karl V. zurück, in dessen Reich bekanntlich »die Sonne nicht unterging«, sondern schon auf dessen Vorgänger Friedrich III. (1440-93), der es auf seinen Bauten anbringen ließ. Ein Nachklang findet sich noch in dem »Radetzkymarsch«, mit dem die Wiener Philharmoniker ihr Neujahrskonzert zu beenden pflegen, der eben kein Ausdruck von Walzer- oder Heurigenseligkeit ist, sondern eine Huldigung an den Feldherrn, dem Franz Grillparzer zurief:
In deinem Lager ist Österreich,
Wir andern sind einzelne Trümmer.

5 Ist es gewagt zu behaupten, daß als glücklicher Nebeneffekt hier die Wurzeln des preußischen und hohenzollernschen Interesses an klassischer Antike und Archäologie liegen, das ja weder landeskundlich, weil die Römer bekanntlich an Elbe, Spree und Oder nie präsent waren, noch wie im britischen oder französischen Fall »imperial« begründet war, Berlin aber trotzdem früh und bis heute zu einem Zentrum dieser Forschung machte? Kein Zufall, daß Wilhelm v. Humboldt ein »Preuße« war.

6 Wie Oswald Spengler behauptete. Dazu differenzierend und vorsichtiger u.a. Walther Hubatsch in »Eckpfeiler Europas«, Heidelberg 1953, S. 54-76.

7 Zitiert nach Helmut Diwald, »Wallenstein«, München 1969, S. 437

8 Ein – freilich irregeleitetes – »Ostseegedächtnis« zeigte auch der Admiral v. Tirpitz, dessen Hauptsorge bekanntlich die war, es könne zu einer Wiederholung von »Kopenhagen 1807« kommen, also zu einem britischen Handstreich gegen die noch nicht bereite deutsche Flotte. Daß dergleichen den Briten zuzutrauen war, erfuhr die französische Marine noch 1940; sein Irrtum war, daß das »Risiko« eines Konflikts wegen des deutschen Flottenbaus sich nicht, wie er glaubte, auf eine Übergangszeit beschränkte, sondern wuchs und er einen Rüstungswettlauf auslöste, den Deutschland auf Dauer nicht aushielt – ein Irrtum, aus dem später die Sowjetunion hätte lernen können, aber nicht lernte.

9 Gerade die Spätzeit dieses »Alten Reiches« mit »Reichsdörfern«, »Reichskammergericht« und ziemlich kümmerlicher »Reichsarmee« wird von manchen heute wohlwollender betrachtet als bislang üblich. Doch zerstört wurde es auch durch bayerischen oder sächsischen Etatismus. Und bescheiden sei angemerkt, daß zu seiner Blütezeit der einzige Kaiser des »Alten Reiches«, dem der Beiname »der Große« zuerkannt wurde, seine Ruhestätte nicht in Worms oder Speyer, sondern in Magdeburg fand.

10 Wenn Konrad Adenauer die Überzeugung zugeschrieben wird, jenseits der Elbe oder gar schon am rechten Rheinufer beginne »Sibirien«, fügte sich dieses »karolingische« Bewußtsein nahtlos zu seinem Anliegen der Westintegration und in das Szenario des kalten Krieges. Die Unbefangenheit, mit der sich der linksrheinische Katholik zu »Westeuropa« zählte, ist schon rechtsrheinisch nicht mehr möglich.

11 Die eher schäbige Behandlung Preußens, mit der England dies dankte, hielt im amerikanischen Unabhängigkeitskrieg Friedrich davon ab, nochmals Englands »Festlandsdegen« zu werden und trug wohl noch zu den Vorbehalten Bismarcks und seiner Nachfolger gegen ein deutsch-britisches Bündnis bei.

12 Im Vergleich mit dieser elementaren Regel dürften »Heilige Allianz« oder gar verwandtschaftliche Bindungen (die bei Herrschern wie anderen Menschen Konflikte nicht verhindern, oft erst hervorrufen) nur sekundäre Bedeutung haben.

13 Vielleicht deshalb, aber auch durch ihre Lage am Ostseerand galt die DDR als das »Rote Preußen«. Doch sie hatte nichts »Preußisches« an sich. Sie war sächsisch dominiert und ihr Gebiet nur zum geringeren Teil »altpreußisch«. Äußerlichkeiten trügen; die NVA trug nicht preußische, sondern »Wehrmacht«-Uniform, und ihr russischer Stechschritt vor der Berliner Neuen Wache hätte jeden preußischen Korporal zur Verzweiflung gebracht. Wer Spuren preußischer Verwaltungstradition sucht, findet sie eher in Nordrhein-Westfalen. Im Gegenteil: Die DDR war bestrebt, alle preußischen Spuren außer denen »deutsch-russischer Freundschaft« zu tilgen, und kam erst spät auf den Gedanken, sie als Steinbruch zu nutzen. Sie war weniger eine böse als eine schlechte Karikatur Preußens. So, wie ein Saarländer sich Preußen vorstellt?

14 Der Gedanke einer »barrière de l'Est«, einer »Ostbarriere« spielte in Frankreich seit dem 17. Jahrhundert zunächst gegen Habsburg, dann gegen Preußen/Deutschland eine Rolle. Dafür kamen wahlweise Polen und Rußland in Betracht. Während sich dies für Frankreich als partiell erfolgreich erwies, wurde es für die »östlichen« Partner fatal – weltpolitisch am dramatischsten für Rußland im ersten Weltkrieg, als das Festhalten am Kriegsbündnis nach der Februarrevolution 1917 entscheidend zum Gelingen der bolschewistischen Oktoberrevolution beitrug.

15 Vgl. hierzu K. Zernack, »Preußen und die osteuropäische Geschichte«, abgedruckt in Büsch/Neugebauer (Hrsg.) »Moderne preussische Geschichte«, Berlin/New York 1981, wo sich S.1609 entsprechende Zitate finden.

16 Hermann v. Ohnesorge, Verfasser einer 1841 erschienenen »Geschichte des Entwicklungsganges der Brandenburg-Preußischen Monarchie«, drückt es recht prägnant aus: »Man spricht höchstens noch von einem Preußisch-Polen, während sonst nur an ein Polnisch-Preußen zu denken war.«

17 Sehr nachdenklich, weil von einem nationalstaatlich-konservativen Standpunkt ausgehend, zur »polnischen Frage« Hans Rothfels in »Bismarck, der Osten und das Reich«, Darmstadt 1960, S.68 ff.

18 Rothfels a.a.O. S.34 ff, ferner und auch zum folgenden S. 182 ff.

19 Vgl. Martin Broszat, »Zweihundert Jahre deutsche Polenpolitik«, Frankfurt/M. 1972, S.207 mit weiteren Literaturangaben.

20 Der am meisten erfolgversprechende Ansatzpunkt wäre vermutlich der »austroslawische« gewesen. Die Antipathie des Generals Ludendorff gegen den schwächeren k.u.k. Verbündeten ließ ihn nicht zum Zuge kommen.

21 Henry A. Kissinger, »Die Vernunft der Nationen«, dt. Ausgabe, Berlin 1994, S. 29.

22 Sehr prägnant dazu Karl Schlögel, »Der heiße Punkt« in »Der Tagesspiegel« vom 21. 7. 95.

23 Natürlich gehören die Menschenrechte seit 1776 und 1789 auch als Kampfbegriffe, als polemische Begriffe zum demokratischen Urbestand. Festzuhalten ist jedoch, daß die in diesem Zusammenhang besonders relevante Europäische Menschenrechtskonvention von 1950 und mit ihr verwandte Instrumente nicht nur der eigenen Ortsbestimmung, sondern zur Blütezeit des kalten Krieges als Waffen aus dem Arsenal des »Westens« dienten. Offenbar besteht ein Zusammenhang dieses Paradigmenwechsels mit der nach 1989 von der linken »Protestkultur« spät entdeckten Liebe zur »alten« Bundesrepublik. Als »Versöhnung« mit der eigenen Gesellschaft ist das sicher gut und mag das Ende dieser »Protestkultur« einläuten, die im Widerwillen gegen Krieg und kalten Krieg entstanden war. Die Frage bleibt jedoch, wie dieses »Arsenal« künftig eingesetzt wird. International brisant werden die »Menschenrechte«, die eben auch »Waffencharakter« haben, wenn sie nicht als »Bürgerrechte« verstanden werden, sondern als Bestandteil einer universalistischen Ethik, die fast zwangsläufig mit einem »Missionsauftrag« verbunden ist. Muß ein solcher »Auftrag« nicht notfalls mit »Feuer und Schwert« erfüllt werden? So lange ist das Zeitalter der Religionskriege nicht vergangen, daß man die damit verbundenen sehr ernsten Fragen ganz vergessen dürfte. Wenn man das Phänomen des »Fundamentalismus« nicht lediglich als Angelegenheit zurückgebliebener Modernisierungsverlierer, sondern aller »Eiferer« betrachten würde, käme man dem Problem vielleicht näher.

24 Die Schweizergarde des Vatikans ist ihr Überrest.

25 Für solche Einsätze – oft solche, wie sie die »Kolonialmächte« einst mit viel weniger Aufwand erledigten – haben die Vereinten Nationen einen zwar zahlenmäßig ganz imposanten Militärapparat mit »Leihtruppen« verschiedenster Provenienz geschaffen, bei dem jedoch das Verhältnis von Aufwand und Ertrag auch dann sehr ungünstig ist, wenn der bei hypertrophierten Organisationen, wie es internationale Institutionen dank Proporzsystem und Parkinsons Gesetz fast zwangsläufig sind, eintretende »normale« Verlust an Effizienz außer Betracht bleibt (vgl. Rosemary Righter, »Utopia Lost – The UN and World Order«, New York 1995). Ein Grund ist Entscheidungsunlust bei der Mandatserteilung, die nur erfolgt, *»ut aliquid fieri videatur«* – damit es so aussieht, als geschehe etwas. Doch vor allem ist der Generalsekretär eben zur Neutralität »verdammt«.

26 Dieser kann sich dann kaum mehr des Generalsekretärs bedienen. Die Funktion des »Büttels« und die des »Vermittlers« schließen einander aus. Ihre Vermischung hat sich denn auch in Ex-Jugoslawien als unheilvoll erwiesen.

27 Das gilt sogar für die »Deutschen Einigungskriege«, die doch als Produkte allein des preußischen Militarismus gelten: 1864, gegen Dänemark, trat eine preußisch-österreichische Koalition an (unter Mitwirkung weiterer Bundesstaaten), 1866, nun gegen Österreich, eine preußisch-(französisch-)italienische. Selbst der Deutsch-Französische Krieg von 1870 war nicht nur Sache Preußens und des neuen Norddeutschen Bundes, sondern auch der zumindest formal noch selbständigen süddeutschen Staaten; die »deutsche Einheit« war vielmehr eine *Folge* dieses Krieges. Entgegen allen Legenden hat Preußen selten anders als in Koalitionen gefochten.

28 FAZ vom 21.10.95

29 München 1963, hier besonders Bd. II, S. 679-686, Art. »Toleranz« von H. R. Schlette.

30 An Friedrich Engels 8. 10. 1858: »Die eigentliche Aufgabe der bürgerlichen Gesellschaft ist die Herstellung des Weltmarkts, wenigstens seinen Umrissen nach, und einer auf seiner Basis ruhenden Produktion. Da die Welt rund ist, scheint dies mit der Kolonisation von Kalifornien und Australien und dem Aufschluß von China und Japan zum Abschluß gebracht.« (Karl Marx/Friedrich Engels, »Briefwechsel«, Berlin 1949 (Nachdruck der Moskauer Ausgabe 1935), Bd. 2, S. 424.

31 Vgl. am Schluß des vierten Kapitels.

32 Generelles Wohlwollen der deutschen Politik gegenüber Polen soll damit nicht bestritten werden, auch keine Vorreiterrolle in der Frage der »Osterweiterung« von NATO oder EU. Auch soll nicht verkannt werden, daß die deutsche Politik durch die eigenen Verbündeten eher gebremst als gefördert wird und insoweit Rücksichten zu nehmen hat. Das Problem ist eher, daß Deutschland sich mehr von Aspekten einer »Wiedergutmachung« oder »Versöhnung« als von »strategischen« Gedanken leiten läßt – verständlich, aber gerade Polen nicht gerecht werdend, das doch nicht ausschließlich »Opfer« sein möchte. Hinzukommen mag, daß Zweifel an der wirtschaftlichen Leistungsfähigkeit bestehen, die allein den Deutschen Respekt einzuflößen scheint. Das könnte sich angesichts recht beachtlicher Zuwachsraten in nicht allzulanger Zeit ändern und beruht wohl auch auf traditionellen Vorurteilen. Insoweit werden die Deutschen aber in der Tat weitere eigene »Opfer« zu bringen haben und sich nicht über »Billiglöhne« und dergleichen beschweren dürfen – wie sonst soll Polen denn den Anschluß finden? Übrigens war zu zaristischer wie kommunistischer Zeit die angeblich so berüchtigte »polnische Wirtschaft« der russischen stets voraus.

33 Interview im »Frankfurter Allgemeine Magazin« vom 5. 5. 95.

34 Abgedruckt in George F. Kennan, »Memoiren eines Diplomaten« dt. Ausgabe, Stuttgart 1968, S. 573.

35 a.a.O,. S. 567.

36 Vgl. z.B. Otto Wenzel, »Kriegsbereit«, Köln 1995.

37 Kissinger, a.a.O., S. 911 ff.

38 Ein von international erfahrenen Soldaten, Bürokraten und Geschäftsleuten praktiziertes akzentfreies Englisch, das den Hörer über die Herkunft des Sprechers rätseln läßt und Engländer für Amerikanisch, Amerikaner aber für britisches Englisch halten, wird als *»Midatlantic«* bezeichnet.

39 Sozusagen als eine Art »Mr. Jones«, der sich bei Aufgaben nützlich macht, für die sich sonst niemand findet, und insbesondere in Fragen, die nur den einen oder anderen Partner betreffen. So schrieb die WEU die britische »Rheinarmee« fest, das an sich britischen Instinkten und Traditionen widersprechende permanente Engagement auf dem Kontinent. Nach dem Veto de Gaulles gegen den britischen EG-Beitritt war die WEU zeitweise die einzige institutionelle Verbindung der »Sechs« mit Groß-

britannien. Andererseits nahm sie Aufgaben der Rüstungskontrolle über die »alte« Bundesrepublik wahr. Es war sogar daran gedacht, die WEU mit der Überwachung des (gescheiterten) Saarstatuts zu befassen.

40 Der irische Beitritt mochte noch als »Schönheitsfehler« durchgehen, weil sonst der britische Beitritt nicht zu bewerkstelligen gewesen wäre.

41 Grundgesetz und Bundesverfassungsgericht fassen allerdings Defensivbündnisse und kollektive Sicherheitssysteme unter »kollektiver Sicherheit« zusammen. Verfassungsrechtlich ist das geboten, um politische Gestaltungsfreiheit zu erhalten. Politisch ist der Unterschied jedoch gravierend.

42 Wer in diesem »Konzert« nur Mißtöne wahrnimmt, muß sich sagen lassen, daß es nicht einmal als Metapher um eine musikalische Darbietung geht, die ja nicht ohne den Taktstock nur eines Dirigenten stattfinden könnte. Vielmehr geht es – von »se concerter« als rein politisch-diplomatischem Geschäft – um den mühsamen Versuch gegenseitiger Abstimmung, von der Klärung der Fronten bis zur Herstellung eines gemeinsamen Nenners und nur in Sternstunden um die Ermittlung einer »volonté générale«.

43 »Merkur«, März 1995, S. 241.

44 Unter anderem dem späteren Feldmarschall Lord Alexander of Tunis, im zweiten Weltkrieg Oberbefehlshaber in Nordafrika und Italien.

45 Michael Garleff in Gert v. Pistohlkors (Hrsg.) »Deutsche Geschichte im Osten Europas – Baltische Länder«, Berlin 1994, S. 473.

46 »The Baltic Litmus Test« in »Foreign Affairs«, Sept./Okt. 1994 S. 72 ff

47 George F. Kennan, »Russia and the West under Lenin and Stalin«, New York 1962, S. 164.

48 Ist das Schwinden – oder die Pervertierung – des Ehrbegriffes vielleicht die simpelste (aber deshalb noch nicht falsche) Erklärung der beklagten Korrumpierung des öffentlichen Lebens, aber auch der Schrecken des »Dritten Reiches«? Der Stoßseufzer von Hitlers Feldmarschall Keitel »Ach wissen Sie, man ist ja so ein Lump geworden« könnte weiterführen – der Mann wußte noch, wovon er redete. Wenig wird beachtet, daß der 20. Juli 1944 vor allem der Wiederherstellung von »Ehre« diente. »Moral« tendiert zum Quietismus (»…und ich begehre,

nicht schuld daran zu sein«), »Ehre« dagegen zur Tat. Vor Irrtum und Fallstricken sind beide nicht geschützt.

49 Das Auswärtige Amt hat immerhin die organisatorische Konsequenz gezogen, in seiner politischen Abteilung die Bearbeitung der Angelegenheiten aller Ostseeanrainer einem Referat zu übertragen, statt wie früher alle nichtsowjetischen kommunistischen europäischen Staaten im Osteuropareferat zusammenzufassen.

50 Zwischen Freundschaft und Konfliktvermeidung besteht ein großer Unterschied. Skandinavien wollte sich von Rußland auf keinen Fall vereinnahmen lassen. Per Saldo wirkte sich die schwedische Neutralität im ersten wie im zweiten Weltkrieg zugunsten Deutschlands, im kalten Krieg zugunsten des »Westens«, der NATO aus, also immer gegen Rußland – und alle Beteiligten wußten das. Die finnische Geschichte bietet natürlich Besonderheiten, aber mutatis mutandis holte sie ein Jahrhundert später die schwedische Geschichte nach.

51 Man lese z. B. in Ernst Jüngers Tagebuch »Gärten und Straßen« über die »drôle de guerre« am »Westwall« 1939/40 nach. Wohl jeder Teilnehmer der Weltkriege hatte solche Erfahrungen.

52 Hier sei daran erinnert, daß vor 1806 der »Reichsgedanke« in der süddeutschen, politisch ungemein aufgesplitterten »Provinz« am lebendigsten blieb und als wohltätig empfunden wurde.

53 Ulrich Sahm, »Diplomaten taugen nichts«, Düsseldorf 1994, S. 223 ff

54 a.a.O.

55 Wie z. B. Somalia, das sich wegen des Fehlens irgendwelcher identifizierbaren »westlichen« Interessen oder erreichbaren Ziele so trefflich für einen uneigennützigen Einsatz auch der Bundeswehr zu eignen schien. Ohne »Ziel« konnte die Aktion nur scheitern, aber auch folgenlos abgebrochen werden. Freilich bleibt es eine dubiose »Moral«, Bismarcks »pommerschen Grenadier« grundsätzlich nur dorthin zu schicken, wo er garantiert nichts verloren hat.

56 Wallensteins Biographen Golo Mann und Helmut Diwald halten übereinstimmend die heroische Verteidigung Stralsunds für eine Legende vor allem deshalb, weil Wallenstein die Stadt ohne weiteres hätte einnehmen können. Hätte er, hat er aber nicht. So behält das Symbol seine Kraft, aller Halbheiten und Schwankungen ungeachtet, wie sie jede geschichtliche *Sternstunde* begleiten.